FACULTÉ DE DROIT DE POITIERS.

# DES DONATIONS ENTRE ÉPOUX

## EN DROIT ROMAIN.

# DE LA QUOTITÉ DISPONIBLE ENTRE ÉPOUX

## EN DROIT FRANÇAIS.

# THÈSE

PRÉSENTÉE A LA FACULTÉ DE DROIT DE POITIERS

POUR OBTENIR LE GRADE DE DOCTEUR

ET SOUTENUE

## LE LUNDI 27 JUILLET 1868, A DEUX HEURES DU SOIR

DANS LA SALLE DES ACTES PUBLICS DE LA FACULTÉ

PAR

# LÉONIDE PÉCOLET,

AVOCAT A LA COUR IMPERIALE.

## POITIERS

TYPOGRAPHIE DE HENRI OUDIN

RUE DE L'EPERON, 4.

1868

FACULTÉ DE DROIT DE POITIERS.

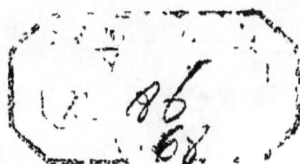

# DES DONATIONS ENTRE ÉPOUX

## EN DROIT ROMAIN.

# DE LA QUOTITÉ DISPONIBLE ENTRE ÉPOUX

## EN DROIT FRANÇAIS.

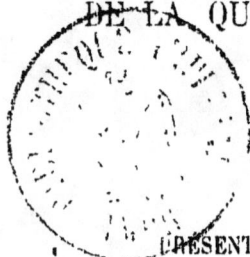

# THÈSE

PRÉSENTÉE A LA FACULTÉ DE DROIT DE POITIERS

POUR OBTENIR LE GRADE DE DOCTEUR

ET SOUTENUE

LE LUNDI 27 JUILLET 1868, A DEUX HEURES DU SOIR

DANS LA SALLE DES ACTES PUBLICS DE LA FACULTÉ

PAR

## LÉONIDE PÉCOLET,

AVOCAT A LA COUR IMPÉRIALE.

POITIERS

TYPOGRAPHIE DE HENRI OUDIN

RUE DE L'ÉPERON, 4.

1868

*COMMISSION :*

PRÉSIDENT. M. ABEL PERVINQUIÈRE ✳.

SUFFRAGANTS
{
M. FEY ✳.
M. RAGON.
M. MARTIAL PERVINQUIÈRE
M. THÉZARD.
}
{
PROFESSEURS.

AGRÉGÉ
}

A MON PÈRE, A MA MÈRE.

A MES PARENTS, A MES AMIS

# DROIT ROMAIN.

## DES DONATIONS ENTRE ÉPOUX.

### INTRODUCTION.

Le droit le plus étendu que l'on puisse avoir sur sa chose est le droit de propriété qui permet d'en faire l'usage que l'on juge convenable. Cependant, l'exercice de ce droit ne doit pas être affranchi de toutes règles, et la loi, protectrice des intérêts des citoyens, doit, dans certains cas, veiller à ce qu'ils ne se dépouillent pas trop facilement de ce qui leur appartient ; et, si elle leur permet de disposer, elle ne doit tenir compte que d'une intention certaine et raisonnable. C'est ainsi que nous pouvons expliquer la plupart des règles restrictives, mais protectrices de la liberté des personnes, et, entre autres, les règles prohibitives des donations entre époux.

Ces donations, de toutes les plus légitimes et les plus dignes de faveur, offrent, cependant, sous certains rapports, de grands inconvénients et de grands dangers. Si elles permettent aux époux de se témoigner réciproquement leur affection et leur reconnaissance, et, si elles sont un moyen, pour l'époux opulent, de laisser à son conjoint pauvre de quoi vivre après la dissolution du

1

mariage, ne faut-il pas reconnaître que cette affection si vive qui existe généralement entre le mari et la femme est un motif sérieux de craindre qu'ils ne se dépouillent trop facilement l'un pour l'autre de leur patrimoine? D'un autre côté, l'un des époux ne peut-il pas acquérir sur l'autre un ascendant capable de rendre la volonté de ce dernier imparfaite et soumise? Voici de graves raisons qui sont proclamées par les jurisconsultes romains et qui suffisent pour justifier la loi romaine sur cette importante matière.

La législation relative aux donations entre époux présente de nombreuses variations, correspondant aux divers états que la société a successivement parcourus depuis Rome jusqu'à nous, et elle a subi toutes les vicissitudes de l'ordre politique et civil auquel ces libéralités touchent d'une façon aussi intime.

Dans les siècles les plus reculés, le mariage, même légitime, ne pouvait pas seul produire la puissance maritale; la femme tombait sous cette puissance de trois manières: par l'usage, la confarréation et la coemption. De quelque manière que la femme tombât au pouvoir de son mari, elle sortait de la puissance de son père et de sa propre famille, dans laquelle elle perdait tous ses droits d'agnation; mais elle entrait dans la famille du mari, dans laquelle elle prenait en quelque sorte le rang et les droits de fille. Gaïus nous dit que de son temps l'acquisition de la *manus* par l'usage était en partie abrogée par les lois, en partie tombée en désuétude; que la confarréation était pratiquée par les grands flamines; que la coemption n'était plus employée que fictivement dans des cas autres que le mariage, afin d'éluder certaines dispositions de l'ancien droit. Sous Constantin, la confarréation disparut entièrement et il ne resta plus que la coemption qui finit elle-même par tomber en désuétude. A l'époque de Justinien, depuis longtemps il n'était plus question de la puissance maritale (*manus*).

Ces notions sur la *manus* une fois connues, il est facile de comprendre que la prohibition des donations était inutile à l'égard des mariages accompagnés de la *conventio in manum*. La femme *in manu* n'avait rien à elle, et, par conséquent, ne pouvait rien donner; quant au mari, en faisant une donation à sa femme il se serait donné à lui-même. Pour trouver un intérêt à cette prohibition il faut donc supposer des mariages laissant séparés les patrimoines des conjoints, c'est-à-dire des mariages libres. Aussi faut-il décider que cette règle n'a dû être introduite qu'à une époque où de semblables mariages furent devenus fréquents.

Jusqu'à la découverte faite en 1823 au Vatican on avait admis, d'après Cujas, que la prohibition des donations entre époux pouvait remonter aux lois de Solon et à la loi des Douze-Tables; mais on trouve dans les dispositions de la loi Cincia, rendue en l'an 550 de Rome, un argument assez plausible pour penser que cette interdiction était encore inconnue lors de cette loi, puisque les *Fragmenta Vaticana* § 302 nous apprennent que les conjoints, *vir* et *uxor*, figuraient au nombre des *personæ exceptæ*. Mais cette opinion, que nous adoptons, n'est pas celle des auteurs allemands qui prétendent que la loi Cincia n'entendait parler que des donations permises entre époux, par exemple, des donations faites *divortii*, *exilii causa* et qu'elle n'était nullement relative aux donations dont il s'agit.

Pour avoir des notions complètes sur les donations entre époux, en droit romain, il faut examiner deux époques différentes. Dès l'origine, ces donations se trouvèrent frappées d'une prohibition absolue : de quelque manière qu'elles eussent été faites, par tradition, stipulation ou autrement, elles étaient nulles de droit. Cet état de choses dura jusqu'en l'an 206, époque à laquelle un sénatus-consulte proposé par Antonin Caracalla (*Oratio Severi*) vint modifier cette rigueur. Par ce sénatus-consulte, il fut toujours permis à l'époux de révoquer sa libéralité, s'il le jugeait convenable ; mais, s'il ne le faisait pas lui-même, ses héritiers devaient respecter ses volontés.

Nous allons donc nous occuper, dans les deux chapitres suivants, de l'état des donations entre époux avant et depuis le sénatus-consulte de Septime-Sévère et d'Antonin Caracalla.

## CHAPITRE Ier.

### DE LA PROHIBITION DES DONATIONS ENTRE ÉPOUX.

En ouvrant le Digeste nous trouvons au frontispice du titre relatif aux donations entre époux, ces mots : *Moribus apud nos receptum est, ne inter virum et uxorem donationes valerent.* Cette règle, proclamée par Ulpien, nous montre que la prohibition ne fut point l'ouvrage de la loi écrite, mais l'œuvre de tous, le produit du consentement tacite des citoyens.

Nous allons nous demander : 1° quand une donation

doit être considérée comme faite entre époux ; 2°
quelles sont les libéralités comprises dans la prohibition ; 3° en quoi consiste la nullité dont elles sont
frappées. Nos réponses à ces trois questions feront
l'objet des trois sections composant notre premier chapitre.

## SECTION I.

### CONDITIONS NÉCESSAIRES POUR QU'IL Y AIT DONATION ENTRE ÉPOUX.

Dans le titre préliminaire de ce travail nous avons
déjà indiqué les motifs qui on fait prohiber les donations
entre époux et nous avons dit que la loi avait eu surtout
en vue l'intérêt des époux eux-mêmes. On doit comprendre que le législateur romain n'a dû s'occuper que
de ceux qui sont unis entre eux par ce lien légitime et
sacré qui constitue les justes noces (*justæ nuptiæ*). La
première condition requise pour que la prohibition soit
applicable est donc *l'existence d'un véritable mariage,
quod moribus legibusque constat* (L. 3 § 1, D. *de don. int.
vir. et ux.*).

A côté de ce mariage, dont nous venons de parler, il
y avait, à Rome, une union qui était reconnue par les
lois, le concubinat. Ce n'était pas un mariage, il n'y
avait ni *vir*, ni *uxor*, ni *dot*, ni *puissance paternelle* ; on
pouvait prendre pour concubines des femmes qu'on
n'aurait pu épouser, des femmes de mauvaise vie, des
actrices, des femmes surprises en adultère. La règle de
la prohibition des donations entre époux n'était faite que
pour garantir la dignité du mariage, n'était pas appli-

cable aux concubins : ils pouvaient donc se faire des libéralités réciproques (L. 3 § 1, D. *de don. int. vir. et ux.*), et celles qu'ils se faisaient n'étaient même pas révoquées par le mariage qu'ils pouvaient contracter plus tard ensemble (L. 31, D. *de donat.*). Toutefois, dans certains cas, les donations étaient même défendues entre concubins pour des motifs particuliers : c'est ainsi que le soldat ne pouvait faire aucune libéralité à sa concubine. L'empereur Antonin permit aux militaires de se faire restituer les biens par eux donnés aux femmes avec lesquelles ils vivaient en concubinage, mais il ne faut cependant voir là qu'une disposition exceptionnelle, comme le prouvent les termes de la constitution (L. 2, C. *de don. int. vir. et ux.*) ; il voulut écarter de leur personne de fausses caresses qui n'auraient pu que les détourner des devoirs de la guerre.

Tout d'abord le citoyen romain pouvait donc donner à sa concubine tout ce qu'il voulait ; aucune limite ne lui était imposée par la loi. Mais plus tard, cette faculté illimitée devint la source de nombreux abus et il fallut y remédier. Une première constitution des empereurs Arcadius et Honorius ne permit à tout citoyen ayant des enfants légitimes, ou seulement sa mère, de donner à sa concubine et à ses enfants naturels que la douzième partie de ses biens, à sa concubine seule qu'un vingt-quatrième : *Matre, vel legitimis filiis, vel nepotibus, aut pronepotibus, cujuscumque sexus, uno pluribusve existentibus bonorum suorum unam tantum unciam pater naturalibus filiis seu filiabus, eorumque genitrici; vel si sola sit concubina, semiunciam largiendi, vel reliquendi habeat potestatem* » (L. 2, C. *de nat. lib.*) ; la quotité disponible était la même pour celui qui n'avait que son père (L. 1 , C. Theod. *de nat. lib.*). Une autre constitution de Valentinien et de Gratien défendit, même à défaut d'enfants légitimes, de père et de mère, de donner plus des trois douzièmes à la concubine et aux enfants naturels (LL. 1, 17, C. Theod.). Enfin , la Novelle 89 permit de leur donner, à défaut d'enfants légitimes, tout ce qu'on voudrait, sauf seulement la légitime des ascendants.

Nous avons dit ci-dessus que la première condition requise pour que la prohibition fût applicable était l'existence d'un véritable mariage : d'où nous avons tiré la conclusion que là où l'union ne constituait pas ce que l'on appelait les justes noces, la donation faite entre les parties devait être valable. Aussi excluáit-on de la prohibition les cas où le mariage n'avait pu se former à raison de quelque empêchement légal , comme nous le dit Ulpien (L. 3, § 1. D. *de don. int. vir. et ux.*) qui cite, pour exemples, le cas où la fille d'un sénateur aurait épousé un affranchi et celui où un fonctionnaire romain aurait contracté mariage avec une femme appartenant à sa province. Dans ces deux hypothèses , la condition du mariage faisait défaut, il est vrai, et d'après les principes il n'y avait pas lieu d'appliquer la nullité des donations. Cependant, on ne trouvait pas convenable de laisser profiter de pareilles donations ceux qui avaient violé la loi, ils étaient considérés comme indignes, et, par suite, c'était le fisc qui devait recueillir les biens ainsi donnés (L. 32 , § 28 D. *de don. int. vir. et ux.*). Mais cette confiscation était une peine qui ne devait pas frapper l'inexpérience : aussi, lorsque le donateur était excusable à raison de son âge, les droits du fisc étaient écartés et une revendication utile lui était accordée (L. 7, C. *de don. int. vir. et ux.*).

Mais l'existence d'un véritable mariage n'était pas la seule condition exigée par la loi romaine pour que la prohibition fût applicable ; il fallait, en second lieu, *que la donation eût été faite pendant le mariage* ; faite avant le contrat de mariage ou après sa dissolution, elle avait lieu entre étrangers et non pas entre époux. Tant que les époux futurs n'étaient liés que par les fiançailles, non-seulement ils pouvaient se faire des dons (L. 27, D. *de don. int. vir. et ux.*), mais il était d'usage qu'ils s'en fissent, comme on le voit dans toutes les dispositions relatives aux donations *ante nuptias*.

La détermination du point de départ de l'incapacité, qui se confond avec l'instant où commence l'union conjugale, a donné lieu à des difficultés. Quelques auteurs, considérant le mariage comme un contrat réel, ont décidé qu'il n'était formé qu'après la tradition de la femme au mari (M. Ortolan, t. 2, p. 80); d'autres, le considérant au contraire comme un contrat purement consensuel, ont soutenu qu'il fallait rechercher uniquement l'époque où les époux avaient échangé leur consentement, sans se préoccuper des cérémonies nuptiales (Ducaurroy, 8° édit. t. 1, p. 79). Il nous serait impossible de traiter ici ce difficile problème sans trop nous écarter de notre sujet : aussi nous nous contentons de dire que, suivant nous, le mariage romain n'était qu'un contrat purement consensuel, et la loi 66 au Digeste relative aux donations entre époux semble militer fortement en faveur de notre opinion. Dans cette loi, en effet, Scévola, consulté sur une donation faite avant la *déductio in*

*domum mariti* et la signature des instruments dotaux ,
répond qu'il n'y a pas lieu de considérer ces deux faits
qui la plupart du temps ne s'accomplissent qu'après le
mariage, mais uniquement la formation du contrat ,
*quod consensu intelligitur* (L. 66 , D. *de donat. int. vir.
et ux.*).

La donation, pour être valable, devait être parfaite
avant le mariage : ainsi , lorsque le fiancé, étant dans
l'intention de donner, avait chargé Titius de faire le don
en son nom et lorsque Titius ne remplissait ce mandat
qu'après le mariage , la donation ne valait rien parce
qu'elle ne pouvait être réputée parfaite avant l'exécution
du mandat (L. 5, D. *de donat. int. vir. et ux.*). Il en était
autrement lorsque Titius avait été chargé seulement de
recevoir pour la fiancée , parce que ce mandat n'était
pas de nature à ajourner la perfection de la donation
(L. 5, D. *de donat. int. vir. et ux.*).

Mais il fallait considérer comme nulle la donation
faite à l'un des fiancés sous la condition que la propriété ne lui appartiendrait qu'après le mariage (L. 4,
D. *de donat. int. vir. et ux.*). Toute condition suspensive
produisait le même résultat, car pour donner valablement il fallait donner d'une manière complète , sauf à
répéter par la voie de la condition *causa data, causa non
secuta*, si le mariage ne s'accomplissait pas.

Pour savoir si la donation était comprise dans la prohibition, deux dates étaient donc à considérer, celle de
sa formation et celle de son exécution. Le droit romain
s'attachait à cette dernière époque pour décider si une
libéralité était faite ou non pendant le mariage. L'acte
antérieur au mariage, mais ne devant avoir d'effet que

.pendant sa durée rentrait dans la prohibition, et la disposition faite pendant le mariage, pour ne se réaliser qu'après, n'était pas interdite entre époux. Voilà pourquoi ces derniers pouvaient se faire des donations *mortis causa* ou *divortii et exilii causa*.

La donation *mortis causa* était donc permise entrē mari et femme (L. 9, § 2, D. *de donat. int. vir. et ux.*). Il est facile de comprendre pourquoi une pareille faveur lui était accordée ; elle ne présentait pas les mêmes dangers que la donation entre-vifs : révocable à la volonté du donateur, on ne pouvait craindre qu'elle fût le résultat de la captation. Du reste, pourquoi aurait-on défendu une disposition produisant ses effets à une époque où il n'y avait plus de mariage (L. 10, D. *de donat. int. vir. et ux.*)? Pourquoi n'aurait-on pas permis à un époux d'assurer, après sa mort, une position convenable à son conjoint ?

La donation à cause de mort était de deux sortes : tantôt son effet était reporté après le décès du donateur, c'est lorsqu'elle était subordonnée d'une manière suspensive à la condition de ce décès ; tantôt, au contraire, elle était immédiate, pure et simple, elle produisait ses effets à l'instant, les objets livrés au donateur devenaient sa propriété du vivant même du donateur, sa ,résolution seule était conditionnelle, subordonnée au cas où le donateur survivrait au péril. Si les Romains autorisaient la donation *mortis causa* entre époux, ils ne lui laissaient pas produire tous les effets dont elle était capable entre étrangers. Celui qui donnait à cause de mort pouvait ordinairement, à son gré, en faisant tradition, suspendre jusqu'à son décès la translation de la propriété, ou l'effectuer dès à présent, sauf les chances de révocation (L. 29, D. *de m. c. donat.*). Quand les choses se passaient entre époux, l'aliénation immédiate était impossible, la prohibition générale s'opposait à toute transmission de propriété de l'un à l'autre pendant le mariage : *Interim res non statim fiunt ejus, cui donatæ sunt, sed tunc demum cum mors insecuta est; medio igitur tempore dominium remanet apud eum qui donavit* (L. 11, *pr.* D. *de donat. int. vir et ux.*). Il résultait de là que si la condition résolutoire venait à s'accomplir par la survie du donateur, celui-ci n'avait pas seulement une action personnelle contre le donataire pour le contraindre à lui retransférer la propriété, mais encore une action en revendication.

Ainsi, la donation *mortis causa* ne produisait aucun effet pendant le mariage ; mais, après le décès du donateur, devait-elle avoir un effet rétroactif remontant au moment de la tradition? Les textes semblent décider que la donation à cause de mort avait un effet rétro-actif. La loi 40, D. *de mortis causa donationibus*, le décide ainsi : « *Si mortis causa inter virum et uxorem donatio facta sit, morte secuta reducitur ad id tempus donatio, quo interposita fuisset.* » La loi 20, D. *de donat. int. vir et ux.*, fait une application remarquable de ce principe. D'après cette loi, si l'esclave donné à cause de mort fait une stipulation, le bénéfice de cette stipulation est en suspens jusqu'à ce que la condition de la donation soit accomplie ou défaillie ; par conséquent, si le donateur survit, il doit recueillir ce bénéfice. Ulpien dit de même que la transmission faite avant le décès par la femme donataire est en suspens : « *Si uxor rem, quam a marito*

*suo mortis causa acceperat, vivo eo alii tradiderit ; nihil
agitur ea traditione : quia non ante ultimum vitæ tempus
mulieris fuit* » (L. 11, § 9, D. *de donat. int. vir et ux.*).

Une preuve de la rétroactivité de la donation *mortis
causa* résulte des anomalies signalées par Ulpien dans
les cas spéciaux où la donation ne rétroagissait pas. La
loi distinguait si elle pouvait nuire ou non aux époux,
et dans le premier cas elle supposait qu'elle n'avait pas
été dans leur intention. Si, par exemple, un conjoint
donnait à l'autre, encore fils de famille, mais devenu
*sui juris* à l'époque de la mort du donateur, la règle de
la rétroactivité était écartée par ce motif qu'elle aurait
eu pour effet de faire bénéficier de la donation le chef de
famille sous la puissance duquel se trouvait le donataire
lors du contrat (L. 11, §§ 4 et 5. D. *de donat. int. vir. et
ux.*). De même, si un mari désirant donner à sa femme,
celle-ci interposait, afin de recevoir pour elle, un fils de
famille maître de lui-même à l'époque de la mort du
donateur, comme la rétroactivité aurait eu pour effet
d'annuler cette donation, on s'en tenait au temps présent, ce qui permettait au fils de recevoir et de rendre
valablement le montant de la libéralité (L. 11, § 2, D.
*de donat. int. vir. et ux.*).

La donation à cause de mort était considérée comme
un gain de survie adressé à l'époux demeuré veuf par le
prédécès de son conjoint, elle exigeait chez le donataire
la qualité d'époux au jour de ce prédécès. Aussi, elle
tombait quand les époux venaient à divorcer, et il
importait peu que le divorce eût eu lieu *bona gratia* ou
*cum ira et offensa* (L. 11, § 10, D. *de donat. int. vir et ux.*).

La déportation encourue par le mari qui avait fait à

sa femme une *mortis causa donatio* n'était pas comme le divorce, elle n'anéantissait point cette donation. Toutefois, le mari conservait son droit de révocation, et la donation n'était pleinement confirmée que par sa mort (L. 13, § 1er, D. *de donat. int. vir. et ux.*).

La loi n'accordait pas seulement aux époux le droit de se faire des donations à cause de mort, elle permettait encore à l'époux de faire une donation à son conjoint pour le cas où il y aurait divorce (*divortii causa*) (L. 11, § 11, D. *de donat. int. vir. et ux.*). Le motif qui fit permettre ces libéralités se conçoit très-facilement : il n'était pas à craindre, ainsi que le fait observer M. Pellat, que celui qui se séparait de son conjoint se dépouillât inconsidérément par l'effet d'une tendresse aveugle.

A Rome, le divorce n'avait pas toujours le caractère d'une injure d'un époux envers l'autre ; le plus souvent même il était le résultat d'un mutuel consentement, et il était alors appelé *divortium bona gratia,* par opposition à celui qui avait lieu *cum ira animi et offensa : Plerique enim cum bona gratia discedunt, plerique cum ira animi sui et offensa* » (L. 32, § 10, D. *de donat. int. vir. et ux.*). Le divorce pouvait avoir des causes qui n'étaient en rien déshonorantes pour les époux, telles que la stérilité, la maladie ou l'exil, et surtout l'état militaire, la vieillesse et le sacerdoce (L. 60, § 1, L. 61, D. *de donat. int. vir. et ux.*). Rien n'était donc plus juste que de permettre à l'époux qui divorçait de laisser un témoignage d'affection au conjoint dont il se séparait.

Cependant, il était à craindre que la tolérance des donations *divortii causa,* jointe à la faculté qu'avaient

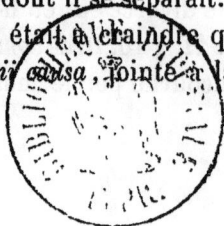

les époux divorcés de renouer à leur gré le lien du mariage , pût fournir un moyen d'éluder la loi en simulant une séparation. Aussi exigeait-on certaines conditions pour la validité de ces donations. Tout d'abord elles devaient être faites au moment même du divorce, et non en vue d'un divorce possible dans l'avenir (L. 12, D. *de donat. int. vir. et ux.*).

De plus, la séparation devait être non-seulement projetée, mais encore réalisée dans les formes légales (L. 35, D. *de donat. int. vir. et ux.*). Si le divorce n'avait été que simulé, les donations faites dans l'intervalle de sa durée demeuraient sans effet (L. 27, *de pact. dot.*). La sincérité du divorce et , par suite , la validité de la donation, se présumaient, lorsqu'une des parties avait contracté un autre mariage , ou qu'il s'était écoulé un temps assez long pour y suppléer (L. 64, D. *de donat. int. vir. et ux.*).

Les donations entre époux étaient enfin permises entre conjoints quand elles étaient faites *exilii causa* : « *Inter virum et uxorem exilii causa donatio fieri potest* » (L. 43 , D. *de donat. int. vir. et ux.*). Le condamné à la peine de l'exil perdait la cité romaine et son mariage était dissous , il n'y avait ni *vir* ni *uxor*, et dès lors la règle prohibitive des donations devait nécessairement cesser de leur être applicable. La libéralité était incontestablement valable lorsqu'elle était faite par le conjoint innocent; mais en était-il de même quand elle était adressée à ce dernier par l'époux coupable ? La raison de douter venait de ce que le conjoint coupable perdait la disponibilité de ses biens par la confiscation. Quelques auteurs ont pensé que la donation n'était possible qu'autant que le condamné avait obtenu de la grâce du prince la remise de la confiscation. D'autres, comme Pothier (n<sup>os</sup> 23 et 24), ont admis, en faveur des donations faites au conjoint, une exception, et ont considéré ces donations comme un prix donné à la chasteté de l'époux innocent et une récompense à sa fidélité. Il nous est difficile, cependant, d'adopter cette opinion qui n'est du reste fondée sur aucun texte formel. Nous croyons que le véritable motif de cette exception était qu'il avait paru inhumain de frapper le conjoint innocent en prolongeant au delà du mariage son incapacité de recevoir.

Pour qu'il pût y avoir donation *inter virum et uxorem*, trois conditions étaient nécessaires, savoir : 1° qu'il existât un mariage ; 2° qu'une donation eût été faite pendant le mariage ; 3° que cette donation eût eu lieu entre époux. Nous avons examiné les deux premières conditions, et il ne nous reste plus, pour terminer notre première section, qu'à nous occuper de la troisième et dernière : *une donation entre le mari et la femme ou bien entre les membres de leurs familles respectives.*

Pour bien comprendre cette troisième condition exigée pour l'application de la prohibition des donations entre époux, il est indispensable de bien connaître la constitution de la famille romaine (*familia*), et la nature du lien qui unissait les différents membres de cette famille. A Rome, le lien de famille n'était pas le lien du sang, mais le lien de puissance. A la tête de chaque *familia* se trouvait le chef, *paterfamilias* qui avait un plein pouvoir sur tous ceux qui étaient sous sa puissance ; il était maître de leur personne et de leurs biens.

On sent dès lors combien cette confusion de personnes aurait pu faciliter les fraudes ; la force du droit comme la raison voulaient que la prohibition fût étendue à d'autres qu'aux époux : *Non tantum per se maritus et uxor, ceterœque personœ dare non possunt* (L. 3 § 9, D. *de donat. int. vir. et ux.*). Ainsi, par exemple, la loi défendait les donations : 1º entre un époux et la personne dont l'autre dépendait ; 2º entre un époux et les personnes soumises à la puissance de l'autre.

Cette défense cessait avec sa cause. Lorsque le lien de puissance unissant le donataire à l'époux que l'on supposait gratifié par son entremise était brisé, la donation redevenait licite entre ces personnes : à plus forte raison devait-il en être ainsi lorsque ce lien de puissance n'avait jamais existé entre le conjoint présumé donataire et la personne qui recevait la donation. Ainsi le mari pouvait donner aux enfants communs, ou à ceux que sa femme avait eus d'un premier lit, et recevoir d'eux au même titre (L. 60, D. *de donat. int. vir. et ux.*).

La règle générale défendait à la mère de donner aux enfants communs, mais il lui était permis de constituer une dot pour sa fille, bien que cette dernière fût en la puissance du père, parce que ces biens donnés en dot revenaient au mari. A la dissolution du mariage le père avait bien, il est vrai, l'action en reprise des choses données, mais c'était en réalité au profit de sa fille que cette action devait être exercée ; elle avait pour but de lui assurer le moyen de se remarier (L. 34, D. *de donat. int. vir. et ux.*).

L'extension extraordinaire de la prohibition des donations entre époux tenait surtout à ce que, dans l'ancien droit, les enfants acquéraient pour leur père. Dans les premiers siècles de Rome, le père devenait propriétaire de tous les biens acquis par ceux qui étaient sous sa puissance, qu'ils les eussent acquis par suite d'une stipulation, d'une donation ou d'une hérédité. Ni le travail, ni l'industrie, ni le commerce, ni les arts libéraux ne pouvaient assurer au fils un patrimoine qui n'allât tomber aussitôt dans le grand patrimoine de la famille dont le chef seul avait le droit de disposer. Sous l'empire de cette législation, le fils de famille ne pouvait donc rien posséder tant qu'il était soumis à la puissance paternelle.

Cette rigueur excessive de l'ancien droit fut adoucie d'assez bonne heure par l'introduction des différents pécules castrense, quasi-castrense, profectice et adventice. Le pécule castrense ou pécule des camps comprenait tous les biens acquis par le fils de famille à l'occasion du service militaire. Le pécule quasi-castrense se composait de tout ce que le fils de famille avait reçu de la munificence du prince ou de l'impératrice, et de tout ce qu'il avait acquis dans l'exercice des fonctions civiles ou ecclésiastiques. Le pécule profectice comprenait tout ce qui provenait au fils de famille de la chose du père (*ex re patris*). Enfin, le pécule adventice se composait de tout ce qui advenait au fils sans provenir du père ou à son occasion, et sans lui être acquis à l'occasion du service militaire ou d'une fonction publique.

Le père de famille ne pouvait avoir la toute propriété que du pécule profectice. Il n'avait que l'usufruit et

l'administration du pécule adventice, la nue-propriété
en étant réservée au fils : en sorte qu'à la mort du père
de famille, les biens qui composaient ce pécule, n'en-
trant pas dans la masse commune et partageable entre
tous les enfants du défunt, restaient propres au fils qui
les avait précédemment acquis. A l'égard des pécules
castrense et quasi-castrense, le père n'en avait pas
même la jouissance ; ils restaient au fils en toute propriété.

L'admission de ces pécules eut pour résultat de faire
considérer comme valables des donations qui auparavant étaient soumises à la prohibition des donations
entre époux. Ainsi il fut permis à une mère de faire à
son fils une donation à son entrée au camp ou dans les
charges publiques, car cette libéralité ne pouvait être
présumée faite au mari (L. 3 § 4, D. *de donat. int. vir.
et ux.*). De même, toute autre donation faite par une
mère à son fils était valable pour la nue-propriété
qui échappait au père et qui faisait partie du pécule
adventice.

Ce que nous venons de dire ci-dessus s'appliquait,
bien entendu, à la puissance dominicale : l'esclave qui
ne pouvait rien posséder personnellement ne pouvait
rien donner au conjoint de son maître, ni, réciproquement, rien recevoir de lui à titre de libéralité.

Un époux pouvait échapper à la prohibition en con-
fiant à des personnes interposées et chargées d'un fidéicommis exprès ou tacite, les libéralités destinées à
l'autre époux ; mais la donation, pour être faite par
personnes interposées, n'en était pas moins considérée
comme une véritable donation entre époux et la loi la

déclarait nulle, parce qu'il ne pouvait être permis aux conjoints de faire indirectement ce qu'ils ne pouvaient faire directement (L. 5 § 2, D. *de donat. int. vir. et ux.*). Cependant il n'existait aucune présomption légale d'interposition de personnes ; le fidéicommis devait être prouvé d'une manière spéciale. Un texte de Papinien (L. 25 pr., D. *de his quæ ut ind.*) nous apprend que le lien d'affection paternelle ne suffisait pas pour faire présumer un fidéicommis tacite en faveur de l'époux, dans l'institution d'un beau-père par son gendre ; et un autre texte de Callistrate (L. 3 § 3, D. *de jure fisci*) déclare que les fidéicommis tacites doivent être prouvés par écrit ou autres preuves manifestes.

## SECTION II.

QUELLES SONT LES LIBÉRALITÉS COMPRISES DANS LA PROHIBITION.

L'application de la règle prohibitive des donations entre époux exigeait la réunion de différentes conditions à défaut desquelles la libéralité restait valable. Pour être prohibée entre époux, la libéralité devait être une véritable donation (*donatio*).

Prise dans une large acception, on peut dire, avec Papinien, que la donation est une libéralité faite volontairement à une personne qui l'accepte : « *Donari videtur, quod nullo cogente conceditur.* » Cette définition est beaucoup trop générale ; celle que nous donne M. de Savigny comprend beaucoup mieux les caractères de la donation prohibée entre époux : « *La donation, dit-il, est un acte entre-vifs par lequel une personne s'appauvrit volontairement en enrichissant une autre personne qui le sait ou qui l'ignore.* » Ainsi : 1º acte entre-vifs ; 2º appauvrissement du donateur ; 3º enrichissement du donataire : tels étaient les véritables caractères de la *donatio* qui peuvent nous servir à distinguer ce qui était défendu de ce qui était permis entre époux.

I. *Acte entre-vifs.* — La donation supposait, tout d'abord, un acte entre-vifs, et cela comprenait deux idées.

1º Il fallait, en premier lieu, *un acte juridique.* Il n'était pas nécessaire que cet acte fût un contrat, la donation pouvait exister sans le consentement du donataire. Ainsi, on considérait comme une véritable donation le payement de la dette du mari par la femme, bien que fait à l'insu du débiteur, et il était compris dans la prohibition. Si l'acte ne devait pas être nécessairement un contrat, il devait cependant consister en un fait positif ; une simple omission ne suffisait pas, à moins qu'elle ne fût de nature à produire seule un avantage ou qu'elle ne cachât un acte réel. Dans ce dernier cas, les donations par omission étaient prohibées entre époux. Les textes citent comme exemples de semblables donations le cas où un époux laissait s'éteindre par le non-usage une servitude de passage grevant le fonds de son conjoint (L. 5 § 6, D. *de donat. int. vir. et ux.*) ; celui où, titulaire d'un droit, il laissait repousser son action par une exception non fondée en droit (L. 5 § 7, D. *de donat. int. vir. et ux.*), et celui où, défendeur, il négligeait d'opposer à la prétention de son adversaire une exception légitime.

Le cas le plus célèbre de donation par omission était celui où le mari laissait usurper, par sa femme, un bien qui lui appartenait et qui avait été livré à celle-ci par un tiers. Dans cette situation, la femme pouvait-elle prescrire ? N'y avait-il pas là une véritable donation prohibée ? La réponse se trouve dans la loi 44 pr. *de donat. int. vir. et ux.* qui a soulevé de si nombreuses controverses : « *Si extraneus rem viri, ignorans ejus esse, ignoranti uxori, ac ne viro quidem sciente eam suam esse, donaverit ; mulier recte eam usucapiet. Idemque juris erit, si is qui in potestate viri erat, credens se patremfamilias esse, uxori patris donaverit. Sed, si vir rescierit suam rem esse priusquam usucapiutur, vindicareque eam poterit, nec volet, et hoc et mulier noverit, interrumpetur possessio : quia transiit in causam ab eo factæ donationis ipsius mulieris scientia : propius est, ut nullum adquisitioni dominii ejus adferat impedimentum ; non enim omnimodo uxoris ex bonis virorum, sed ex causa donationis ab ipsis factæ adquirere prohibitæ sunt.* » (L. 44, D. *de donat. int. vir. et ux.*) Dans le cas où, jusqu'à l'accomplissement de l'usucapion, aucune des parties ne connaissait la propriété du mari, il ne pouvait pas évidemment y avoir de donation, et la femme pouvait usucaper ; la loi 44 le décide de la manière la plus formelle. Il fallait décider de même quand la femme découvrait seule la propriété du mari, elle pouvait continuer d'usucaper, si toutefois elle avait été de bonne foi au début, car, dans ce cas, il ne pouvait pas y avoir de donation, puisqu'il n'y avait pas intention libérale de la part du donateur.

La solution ne devait pas être la même quand la propriété du mari était connue des deux conjoints qui s'entendaient pour continuer la possession et l'usucapion. Dans ce cas, la femme ne pouvait pas invoquer le bénéfice de l'usucapion ; elle était censée avoir remis la chose qu'elle tenait d'un tiers à son mari, et celui-ci était réputé la lui avoir restituée. Elle ne possédait donc qu'en vertu d'une tradition de brève-main ; or, d'une part, la restitution par elle faite à son mari avait interrompu l'usucapion, et d'autre part, la remise émanée de celui-ci ne pouvait constituer pour elle un juste titre de possession.

Mais que fallait-il décider quand le mari seul, découvrant qu'il était propriétaire, ne le déclarait pas à sa femme et, pour l'enrichir, laissait l'usucapion s'accomplir ? Cette question a toujours été l'objet de grandes controverses. Suivant M. de Savigny, l'inaction du mari ne pouvait pas, dans ce cas, être considérée comme une donation ; en effet, dit-il, elle n'avait pas pour effet propre et certain de procurer un bénéfice, d'opérer l'usucapion, car la femme pouvait être dépossédée par d'autres ou rencontrer divers obstacles à l'usucapion. Nous ne pouvons adopter l'opinion de ce savant jurisconsulte. La femme n'était pas certaine, dit-il, de profiter de la libéralité ; mais alors, d'après ce système, toutes les donations devaient être valables, car les choses étant de leur nature périssables, on n'était jamais sûr d'augmenter infailliblement le patrimoine de la personne gratifiée.

Notre législation française a proscrit le contrat de vente entre conjoints, mais il n'en était pas de même en droit romain, il était permis toutes les fois qu'il ne pouvait pas servir de voile à une infraction à la loi. Lorsqu'il s'agissait d'une vente sérieuse, le contrat était toujours valable (L. 7 § 6, D. *de donat. int.*

*vir. et ux.*), et il n'était même pas nécessaire que la chose fût vendue à son juste prix ; tout ce que la loi exigeait, c'est que la pensée d'une donation n'eût pas été dans l'intention des parties (L. 31 § 3, D. *de donat. int. vir. et ux.*).

La loi romaine ne reconnaissait pas la validité d'une société constituée *donationis causa* entre étrangers (L. 5 § 2, D. *pro socio*); à plus forte raison en était-il de même du contrat de société intervenu entre conjoints. Cet état de choses ne fut pas changé par le sénatus-consulte de Septime Sévère et d'Antonin Caracalla dont nous parlerons bientôt. Cependant, lorsque la donation avait été suivie d'exécution, lorsque les choses avaient été partagées entre les conjoints associés et possédées en commun, la donation produisait son effet en cas de prédécès du donateur, aux termes du sénatus-consulte qui validait les donations dans lesquelles le donateur avait persévéré jusqu'à son décès.

2º En second lieu, l'acte devait être *entre-vifs*, c'est-à-dire produire ses effets entre-vifs. La prohibition des donations entre époux ne s'appliquait donc point aux libéralités testamentaires parce que, comme les dispositions entre-vifs, elles ne dépouillent pas immédiatement le disposant. Cependant, il n'en fut pas toujours ainsi ; ces libéralités furent défendues pendant longtemps entre époux.

En l'année 585, la loi Voconia, portée par le tribun Voconius, ne se contenta pas de réduire tous les legs, sans distinction du sexe des légataires, à une portion égale à celle de l'héritier ; elle frappa encore les femmes

d'une incapacité spéciale de recevoir par testament.
Cette loi ne concernait que les citoyens inscrits au cens
dans la première classe et possédant une fortune d'au
moins cent mille as (Gaïus, *Com.* II, 274) ; elle eut pour
but de maintenir l'équilibre dans l'État, en empêchant
les biens des grandes familles d'aller, par les femmes,
enrichir la classe plébéienne, et de fortifier le gouvernement domestique contre les désordres des mœurs
nouvelles.

La tentative réactionnaire que s'étaient proposée les
auteurs de la loi Voconia échoua dans le courant irré-
sistible des idées et des mœurs ; on trouva mille moyens
de fraude et on fit par fidéicommis ce qu'il n'était pas
permis de faire par testament.

En l'an 757, deux lois célèbres, rendues sous Auguste,
les lois Julia et Papia Poppæa, frappèrent le célibat et les
unions stériles de la perte totale ou partielle des libéralités testamentaires ; les *cœlibes* ne purent rien acquérir à ce titre, et les *orbi*, la moitié seulement de ce
qui leur était donné. Quant aux époux, ils furent
encore traités plus rigoureusement ; ils ne purent recevoir qu'un dixième *matrimonii nomine*, plus l'usufruit
du tiers des biens qui leur étaient enlevés (Ulp. reg. XV,
*de decimis*). La présence d'enfants augmentait d'autant
de dixièmes la portion que pouvaient recevoir les époux,
et souvent même leur rendait une entière capacité.
Enfin, dans certains cas déterminés, les époux avaient
la *solidi capacitas* l'un à l'égard de l'autre, quoique
n'ayant pas d'enfants ; et dans d'autres, ils n'avaient
aucune capacité de recevoir, quoique ayant des enfants,
quand leur mariage était contraire aux lois Julia et

Papia Poppæa : par exemple, quand un homme d'une
honnête condition avait épousé une femme notée d'infamie, on un sénateur une affranchie (Ulp. reg. XVI, *de
solidi*, cap. *int. vir. et ux.*).

Constantin, qui abolit les peines du célibat, conserva
entre les époux seulement l'incapacité résultant de l'*or-
bitas* (L. 1 C. *de inf. pœn. cœlib.*); enfin, une constitution
d'Honorius et de Théodose II donna aux époux, dans
tous les cas, la *solidi capacitas* (L. 2 C. *de inf. pœn. cœlib.*).
Depuis cette constitution, les libéralités testamentaires
entre conjoints ne furent plus limitées qu'en cas de
second mariage et en faveur des enfants du premier lit.

II. *Appauvrissement du donateur.* — Nous venons de
voir qu'une libéralité, pour avoir le caractère d'une véritable donation et tomber sous le coup de la prohibition, devait être faite par acte entre-vifs, et nous en
avons fait connaître les motifs. Il existait une autre
condition non moins indispensable : c'était l'*appauvrissement du donateur*. Toutes les fois, en effet, que la
libéralité ne diminuait pas le patrimoine du donateur,
cette libéralité était permise entre époux : *ubicumque
non diminuit de facultatibus suis qui donavit, valet donatio*
(L. 5 § 16, *de donat. int. vir. et ux.*).

Les jurisconsultes romains avaient imaginé de distinguer l'acte par lequel on diminuait son patrimoine de
celui par lequel on manquait de l'augmenter, et le premier seul constituait, suivant eux, un appauvrissement (L. 5 § 16, D. *de donat. int. vir. et ux.*). Si donc un
époux institué héritier répudiait une hérédité en vue de
gratifier son conjoint qui était appelé à la recueillir
comme héritier *ab intestat* ou comme substitué, on ne

voyait pas dans ce fait une donation prohibée (L. 5 § 13, D. *de donat. int. vir. et ux.*). Le même principe s'appliquait aux legs (L. 5 § 14, D. *de donat. int. vir. et ux.*). L'idée d'une donation était encore écartée quand, prié de rendre une hérédité à son conjoint, après en avoir retenu une certaine part, l'époux faisait la restitution sans opérer aucun prélèvement. Dans ce dernier cas, l'époux semblait s'acquitter d'un devoir de conscience plutôt que faire une libéralité; il était censé se conformer à la pensée véritable du disposant qui, supposait-on, n'avait établi cette réserve que contre son gré (L. 5 § 15, D. *de donat. int. vir. et ux.*).

Il arrivait quelquefois que, pour éviter de recourir à la formalité de la renonciation, un époux priait la personne qui avait l'intention de lui laisser son hérédité ou un legs, d'adresser la libéralité à son conjoint (L. 31 § 7, D. *de donat. int. vir. et ux.*). On considérait cette libéralité comme valable entre époux. Il en était de même de la remise faite par une femme à son mari, ou par un mari à sa femme, du gage que l'un d'eux avait reçu de l'autre; elle ne pouvait constituer une donation, puisque le créancier ne devient pas plus pauvre par la remise de son gage, son débiteur continuant d'être obligé envers lui (L. 18, D. *Quæ in fraud. cred.*).

La donation était encore licite comme n'enfreignant pas la règle que l'un des époux ne doit pas s'appauvrir pour enrichir l'autre, quand il ne s'agissait que du simple usage des choses appartenant à l'un des conjoints concédé gratuitement à l'autre (L. 18, D. *de donat. int. vir. et ux.*). Cette tolérance s'étendait à l'usage d'une somme d'argent abandonnée pendant un certain temps par l'un des conjoints à l'autre. Une somme d'argent peut, il est vrai, produire des intérêts, mais cette production n'est pas inhérente à sa nature ; elle manque de ces caractères de régularité et d'uniformité sans lesquels la loi ne peut apprécier et consacrer l'avantage que procure la jouissance. Souvent, d'ailleurs, l'abandon des intérêts n'a pour cause que le désir, de la part du prêteur, de se débarrasser d'un capital moins sûrement placé dans sa caisse qu'entre les mains d'un débiteur solvable.

Ainsi, en principe, les intérêts de l'argent n'étaient pas considérés comme faisant partie des donations. Cependant il n'en était pas toujours ainsi, l'abandon des intérêts équivalait à une donation lorsque, à raison des circonstances particulières, cet abandon ne pouvait s'expliquer que par une intention libérale et s'attribuer qu'à l'*animus donandi*. Aussi y avait il donation prohibée lorsqu'un mari faisait remise à sa femme des intérêts stipulés jusqu'au payement de la dot constituée par elle (L. 21, § 1, D. *de donat. int. vir. et ux.*).

Le motif qui faisait permettre l'abandon des intérêts de la part d'un époux au profit de son conjoint n'existait plus lorsqu'il s'agissait de fruits provenant d'un immeuble appartenant à l'un des époux. La renonciation aux fruits d'un immeuble constitue presque toujours pour le propriétaire une perte certaine, car il est bien rare qu'on ne tire aucun parti d'un immeuble, soit en le cultivant par soi-même, soit en le donnant à bail. Cependant les jurisconsultes n'étaient pas d'accord sur le point de savoir si l'abandon par un époux à l'autre des fruits d'un immeuble devait être considéré comme constituant une donation tombant sous l'application de la règle prohibitive des donations entre époux. Ulpien, admettant l'opinion de Julien, assimilait les fruits aux intérêts, déclarait qu'il y avait *licita donatio*, et les laissait à l'époux donataire (L. 17, *pr. D. de donat. int. vir. et ux.*). Pomponius distinguait entre les fruits naturels et les fruits industriels et n'appliquait la règle prohibitive qu'aux premiers (L. 45, D. *de usuris*). Enfin Marcellus déclare nulle toute donation de fruits d'un immeuble faite par un époux à son conjoint, sans distinguer, comme Pomponius, entre les fruits naturels et les fruits industriels (L. 49, D. *de usuris*). Nous ne cherchons pas à concilier ces décisions, qui sont, du reste, inconciliables, puisqu'elles n'atttestent qu'une divergence d'opinions entre les jurisconsultes romains ; nous dirons seulement que nous préférons le système de Marcellus, qui est le plus conforme à la règle prohibitive des donations entre époux.

Quant aux fruits des biens dotaux, il ne pouvait y avoir aucune difficulté, puisqu'une disposition toute spéciale en défendait l'attribution gratuite à la femme. Ainsi, le mari ne pouvait restituer la dot avant la dissolution du mariage, si ce n'est dans un petit nombre de cas limitativement déterminés (L. 73, D. *de jure dot.;* — L. 20, D. *soluto matrimonio*) ; il ne pouvait pas non plus, comme nous l'avons déjà dit, lui faire remise des intérêts de la dot promise, ni la laisser jouir des biens dotaux, à moins qu'elle ne prît l'engagement de nourrir elle et les siens (L. 21, § 1er, D. *de donat. int. vir. et ux.*); s'il lui avait abandonné les fruits dotaux sans qu'elle en eût fait cet emploi, il pouvait répéter tout ce qu'il en restait (L. 8, C. *de donat. int. vir. et ux.*). Cette interdiction d'une restitution anticipée de la dot qui privait le mari de la jouissance pour l'attribuer à la femme est rapportée quelquefois à la règle prohibitive des donations entre époux (L. 28, D. *de pact. dot.* — L. un., C. *si dos const. mat.*); mais ce motif est insuffisant; il faut dire, avec M. Pellat (*Traité de la dot*, p. 353-375), que la destination de la dot étant de subvenir aux charges du mariage, et le mari ne pouvant se soustraire à ces charges, il était utile qu'il ne pût se dépouiller des moyens d'y faire face.

Nous venons de voir que, par un subtilité du droit, il n'y avait pas d'appauvrissement, et par suite aucune donation lorsque le donataire manquait d'acquérir, ni quand il négligeait certains avantages aléatoires ou de nature à ne pas augmenter sensiblement sa fortune; à plus forte raison la loi romaine devait-elle proclamer la validité des donations ayant pour objet des biens qui n'étaient jamais entrés dans son patrimoine. Telle était la donation de la chose d'autrui faite par un époux à son conjoint. Il fallait cependant distinguer le cas où le donateur possédait de bonne foi et celui où il possédait de mauvaise foi (L. 25, D. *de donat. int. vir. et ux.*). Était-il possesseur de bonne foi : il était presque au lieu et place du véritable propriétaire, il aliénait l'espérance d'acquérir la propriété de la chose qu'il était en voie d'usucaper, et, comme toute aliénation à titre gratuit était défendue entre époux, la règle générale reprenait son empire. Était-il, au contraire, possesseur de mauvaise foi : il ne pouvait pas perdre une chose sur

laquelle il n'avait pas même une espérance de propriété, et dès lors la donation qu'il faisait de cette
chose à son conjoint était parfaitement valable. Quelques auteurs, notamment M. Boutry dans son excellent
*Traité sur les donations entre époux* (p. 28), n'admettent
pas cette solution, et, en s'appuyant sur ces mots de
la loi 25, § 2 : *pauperior maritus in suis rebus fit*, ils pen-
sent que la donation devait être valable même quand le
mari disposait d'une chose qu'il possédait de bonne foi,
parce qu'il se privait seulement de la possibilité de
devenir propriétaire de ce qu'il donnait. Pour nous,
nous préférons la distinction que nous avons faite ci-
dessus, entre le possesseur de bonne et de mauvaise
foi, distinction qui est aussi admise par M. de Savigny
et qui est bien plus conforme aux idées des Romains,
qui considéraient le possesseur de bonne foi comme
déjà propriétaire, en lui concédant une revendication
utile, l'action publicienne, et en lui permettant de constituer dès à présent des droits réels, par exemple des
hypothèques sur les biens qu'il était en voie d'usucaper.

III. *Enrichissement du donataire.* — Lors même que
l'époux donataire s'appauvrissait, si à cette circonstance ne venait pas se joindre celle d'un enrichissement
réalisé par l'époux donataire, la donation était encore
regardée comme valable. Le plus souvent une donation
a pour effet d'enrichir le donataire ; cependant, un
assez grand nombre de libéralités ne renfermant pas ce
caractère étaient valables entre époux, et les textes nous
en montrent plusieurs exemples que nous allons examiner successivement.

La loi 5 § 8, déclare tout d'abord valable la donation

faite par un époux à son conjoint d'un terrain destiné à servir de sépulture. Cet acte ne faisait rien entrer dans le patrimoine du donataire, puisque ce terrain devenait un *locus religiosus* et que, par conséquent, il était *extra commercium*. Il faut remarquer que la donation n'était valable qu'autant que la chose donnée recevait la destination qui était le but du donateur (L. 5 § 8 , D. *de donat. int. vir. et ux.*); si cette destination ne se réalisait pas , ce dernier restait propriétaire et il pouvait revendiquer le terrain demeuré profane en cas de vente consentie par le donataire (L. 5 § 9, D. *de donat. int. vir. et ux.*). Si la consécration ne devait s'effectuer que par l'inhumation même de l'époux donataire, elle n'aurait pu s'accomplir de son vivant et elle aurait dû être considérée comme caduque ; cependant, contrairement aux règles du droit strict, elle était maintenue (L. 5 § 11 , D. *de donat. int. vir. et ux.*).

On considérait aussi comme valable la donation faite par le mari à sa femme d'un terrain soit pour accomplir un vœu fait à Dieu, soit pour faire bâtir un édifice public, soit pour y faire construire un temple : ce lieu devenait sacré et, par conséquent, la donation était valable puisqu'elle ne procurait aucun avantage appréciable au donataire (L. 5 §12, D. *de donat. int. vir. et ux.*). Bien plus, l'affectation à un pareil usage d'une somme donnée sans aucune destination, purifiait la donation.

La loi déclarait encore valable la donation d'un esclave faite sous la condition qu'il serait affranchi par le donataire. Cette donation faite *manumissionis causa* était valable bien qu'elle ne dût pas procurer la liberté immédiatement ; cependant, l'acquisition du donataire était

alors subordonnée à l'affranchissement au temps con-
venu (L. 7 § 9, D. *de donat. int. vir. et ux.*). Il faut remarquer que l'esclave devait être affranchi avant la dissolution du mariage, et que si la mort ou le divorce
venaient à briser l'union conjugale avant son affranchissement, la donation était considérée comme non
avenue : *Si, antequam servus manumittatur, morte aut
divortio solutum fuerit matrimonium, resolvitur donatio :
inesse enim conditio donationi videtur, ut manente matrimonio manumittatur* (L. 8, D. *de donat. int. vir. et ux.*).

Il était permis à l'époux auquel un esclave avait été
donné par son conjoint d'imposer à cet esclave, en l'af-
franchissant, des services ou le payement d'une certaine
somme ; on autorisait de tels avantages, car, disait-on,
ils ne sortaient pas du patrimoine du donateur. Il ÿ
avait exception toutefois pour le cas où l'argent fourni
avait été pris sur le pécule de l'esclave ; le pécule
appartenant au mari, il y avait diminution du patrimoine de ce dernier, ce qui était une cause de nullité de
la donation (L. 9, D. *de don. int. vir. et ux.*).

Par une faveur évidente pour les époux, on ne voyait
pas d'enrichissement dans les donations faites au conjoint pour reconstruire ses bâtiments détruits par accident (L. 14, D. *de don. int. vir. et ux.*); dans les donations
de la femme au mari pour acquérir des dignités, ni dans
celles du mari à la femme pour faire obtenir des hon-
neurs aux parents de celle-ci ou pour procurer à elle-
même des objets de luxe (L. 40, 41, 45, 5 § 17 D. *de
donat. int. vir. et ux.*). Il n'était même pas nécessaire
que la femme employât directement l'argent à cet usage;
elle pouvait s'en servir pour payer un créancier et pren-

dre ensuite sur sa propre bourse pour acheter les objets de luxe sans être considérée pour cela comme s'étant enrichie (L. 7 § 1, D. *de donat. int. vir. et ux.*).

On considérait comme l'acquittement d'une dette la pension périodique qu'un mari faisait à sa femme pour son entretien et ses menues nécessités. On n'y voyait une donation que lorsque le chiffre en était excessif, eu égard à la valeur de la dot : dans ce cas, le mari qui en avait payé le montant pouvait répéter ce qui restait (L. 15, pr., D. *de don. int. vir. et ux.*). Du reste, la femme n'avait pas d'action contre son mari pour obtenir le payement de sommes ainsi promises (L. 11, C. *de donat. int. vir. et ux.*).

Telles étaient les principales libéralités permises entre époux parce qu'elles n'enrichissaient pas le donataire ; nous pourrions en citer beaucoup d'autres, mais celles que nous venons de faire connaître suffisent pour faire comprendre quelles libéralités ne tombaient pas sous l'application de la prohibition parce qu'elles n'ajoutaient rien au patrimoine du donataire.

En résumé, un acte entre-vifs, un appauvrissement de la part du donateur et un enrichissement de la part du gratifié étaient, comme nous l'avons déjà dit, au commencement de cette section, les trois conditions indispensables pour qu'il y eût donation et, par conséquent, une libéralité prohibée entre époux.

Cependant, il y avait trois cas dans lesquels, par exception, l'acte, quoique réunissant tous les éléments constitutifs de la donation, était maintenu entre conjoints.

La règle prohibitive ne s'appliquait pas : 1° aux libéralités entre l'empereur et l'impératrice (L. 26, C. *de donat. int. vir. et ux.*) ; 2° en cas d'exil et de déportation (L. 13 § 1, D. *de donat. int. vir. et ux.*) ; 3° au cas de deux donations réciproques entre époux quand l'une avait été dissipée et l'autre conservée par le donataire, on permettait à l'époux qui avait conservé le montant de la donation à lui faite, d'opposer la compensation à la répétition dirigée contre lui par son conjoint, et la donation faite à l'époux économe devenait ainsi valable contre l'époux dissipateur (L. 7 § 2, D. *de donat. int. vir. et ux.*).

Hors ces trois cas tout à fait exceptionnels, toutes les libéralités qui ne réunissaient pas les trois caractères ci-dessus énoncés étaient entièrement valables entre époux.

## SECTION III.

### DE LA NULLITÉ DES DONATIONS ENTRE ÉPOUX. — SES EFFETS.

Les donations étaient donc, en principe, défendues entre époux ; mais on comprend que cette prohibition eût été illusoire s'il n'y avait eu un moyen de la faire respecter. Il y avait une sanction aussi énergique que possible : la donation, faite au mépris de la prohibition, était nulle de plein droit et le donateur n'avait pas besoin, pour la révoquer ou se soustraire à sa promesse, de recourir à des détours et à des exceptions. *Sciendum est*, dit Ulpien, *ita interdictam inter virum et uxorem donationem ut ipso jure non valeat qaod actum est. Proinde, si corpus sit quod donatur, nec tradictio quicquam valet ; et si stipulanti promissum sit, vel accepto latum, nihil valet* (L. 3 § 10, D. *de donat. int. vir. et ux.*).

Quant aux donations par promesse, la sanction de la prohibition était d'une grande simplicité ; l'époux donateur actionné par son conjoint donataire en exécution de sa promesse se défendait *ipso jure* et n'avait besoin d'aucune exception pour détruire l'effet de la demande formée par ce dernier.

La remise de la dette par acceptilation était également sans effet. Il y avait même, en cette matière, une exception au droit commun. En général, l'acceptilation faite à l'un des *correi promittendi* libérait tous les autres; mais ici les choses ne se passaient pas ainsi. Si la femme était l'un des codébiteurs, l'acceptilation faite par le mari aux autres les libérait, mais non pas elle ; et si elle était faite à elle seule, elle ne libérait personne. *Neuter liberatur*, dit encore Ulpien, *quia acceptilatio non valet* (L. 5 § 1, D. *de donat. int. vir. et ux.*).

Ce que nous venons de dire de l'acceptilation s'appliquait aussi au pacte de *non petendo*.

D'après le droit commun, la tradition faite par un propriétaire capable d'aliéner produisait la translation de propriété du donateur au donataire, le premier perdait tous ses droits sur la chose donnée et le second en devenait définitivement propriétaire ; mais rien de semblable n'avait lieu entre époux ; le tradition faite par la femme à son mari, ou réciproquement, n'était pas valable et ne produisait aucun effet.

Du principe que le donateur restait, malgré la tradition par lui faite, propriétaire de la chose donnée, il résultait, en premier lieu, qu'il pouvait la revendiquer lorsqu'elle existait en nature (L, 36, D. *de donat. int. vir. et ux.*), et la saisir dans l'état où elle se trouvait ;

avec les augmentations ou les détériorations qu'elle pouvait avoir subies (LL. 28, 31 § 2, D. *de donat. int. vir. et ux.*). Toutefois, l'époux donataire devait être indemnisé de ses impenses, il était assimilé au constructeur de bonne foi ; il n'ignorait pas, il est vrai, la nullité de la donation, mais il avait construit au vu et su du propriétaire.

Lorsque la restitution ne se faisait pas en nature, le donateur devait se contenter de la juste valeur de la chose ; il devait même fournir au donataire une caution au simple (L. 36, D. *de donat. int. vir. et ux.*). Le droit de revendication se bornait à la chose même qui avait été donnée, il ne s'étendait pas à l'objet acquis avec l'argent donné : la propriété n'en appartenait nullement au donateur (L. 9, C. *de donat. int. vir. et ux.*). Cependant il pouvait, lorsque l'époux donataire était insolvable, se faire attribuer le nouvel objet au moyen d'une *vindicatio utilis* (L. 55, *in fin.* D. *de donat. int. vir. et ux.*). Tout ce que la loi voulait, c'est que le donateur qui était en faute ne pût trouver une source de bénéfices dans l'acte prohibé qu'il avait commis ; il lui suffisait d'éviter tout préjudice.

La revendication des matériaux donnés et employés à un bâtiment par le donataire donnait lieu à quelques difficultés entre les jurisconsultes. Les uns, comme Neratius, pensaient que le donateur pouvait les faire détacher par l'action *ad exhibendum* et les revendiquer contrairement à cette règle des Douze-Tables : *Tignum junctum œdibus ne solvito ;* et, pour justifier leur solution, ils disaient qu'il n'était pas croyable que les décemvirs eussent pensé au cas où la construction était faite du consentement du propriétaire. D'autres soutenaient, au contraire, que le propriétaire qui avait eu connaissance de la construction devait être traité avec moins de faveur que le propriétaire dépouillé à son insu, et ils ne reconnaissaient à l'époux donateur que le droit de revendiquer sa chose lors de la ruine du bâtiment, et lui refusaient en attendant l'action au double de *tigno juncto*. La seule revendication immédiate permise était celle qui ne pouvait occasionner aucun dommage au bâtiment du donataire ; elle pouvait, en effet, avoir lieu sans qu'il y eût violation d'un sénatus-consulte rendu sous Adrien, et dont l'objet était d'empêcher la destruction des édifices pour faire le commerce des matériaux (L. 45, D. *de donat. int. vir. et ux.*).

Nous avons dit ci-dessus que l'époux donateur reprenait sa chose dans l'état où elle se trouvait, avec les augmentations qu'elle pouvait avoir subies ; mais en vertu de cet adage : *ubi est emolumentum, ibi debet esse onus*, et par une juste réciprocité, il devait supporter la destruction totale ou partielle advenue par cas fortuit : *Si id quod donatum sit perierit*, dit Paul, *vel consumpsit, ejus qui dedit est detrimentum : merito, quia manet res ejus qui dedit, suamque rem perdit* (L. 28, pr. D. *de donat. int. vir. et ux.*). Il n'était même pas nécessaire que la perte fût tout à fait fortuite, la consommation volontaire de la chose n'était pas imputable au donataire qui ne pouvait être assimilé à un possesseur de mauvaise foi puisqu'il faisait usage de la chose au su du véritable propriétaire.

Jusqu'ici nous avons toujours supposé des cas dans lesquels l'époux donateur pouvait exercer l'action en revendication pour se faire restituer la chose par lui donnée ; mais souvent la revendication n'était pas possible, le principe *extinctæ res vindicari non possunt* y· faisait obstacle. Lorsque cette revendication ne pouvait pas être exercée, la loi accordait au donateur une action mesurée, en général, sur l'enrichissement du donataire et qui portait le nom de *condictio* (L. 5 § 18, — L. 6, D. *de donat. int. vir. et ux.*). La condiction avait pour objet de faire obtenir au donateur la valeur dont le donataire se trouvait enrichi. ·

Cette action s'appliquait, le plus souvent, au cas où une somme d'argent avait été donnée : aussitôt que les espèces avaient été confondues avec celles du donataire, la revendication était impossible et alors l'époux donateur ne pouvait plus exercer que la condiction. Il arrivait aussi souvent que l'époux donataire avait acquis des objets encore existants avec l'argent ou les choses données ; le donateur n'avait évidemment aucun droit sur ces objets achetés, mais il avait la condiction dans la mesure de leur valeur.

Le principe qu'un époux donataire n'était tenu de restituer que ce qui l'avait enrichi ne devait pas être étendu aux sommes données par une femme à son mari à titre de prêt, car ce qui n'avait été que prêté devait être restitué intégralement (L. 17, C. *de donat. int. vir. et ux.*) ; de même, si l'argent avait été donné dans l'origine, et si ensuite la donation avait été convertie en prêt, le disposant pouvait répéter la somme entière (L. 57, D. *de donat. int. vir. et ux.*).

L'enrichissement résultant de la donation se présumait toujours : c'était au donataire à prouver le fait qui avait anéanti ou amoindri le profit de la libéralité. Cette preuve était souvent très-difficile à faire, mais elle pouvait résulter de certaines circonstances.

L'appréciation de l'enrichissement se faisait d'après l'état des choses au début de l'instance et non pas au moment du jugement : *litis contestatœ tempus sed non rei judicatœ spectari oportet.* Lors donc qu'une chose avait été achetée avec l'argent donné, elle était aux risques et périls du donateur jusqu'au moment de la *litis contestatio.* Si un bien acheté avec les deniers donnés avait diminué de prix, on répétait seulement sa valeur actuelle (L. 7 § 3, D. *de donat. int. vir. et ux.*). Si, au contraire, par suite de son augmentation, il représentait une valeur supérieure à l'argent donné, le donataire n'était tenu de restituer que la somme qui lui avait été comptée (L. 28 § 3, D. *de donat. int. vir. et ux.*). Lorsqu'un fonds avait été acheté par un époux, partie avec son argent, partie avec celui donné par son conjoint, et qu'il venait à diminuer de valeur, les époux supportaient la perte chacun en proportion de la somme qu'il avait fournie pour son acquisition (L 7 § 4, D. *de donat. int. vir. et ux.*).

Dans l'enrichissement, on faisait entrer non-seulement les choses données, mais encore les produits de ces choses acquises par le donataire, comme les enfants des esclaves achetés avec l'argent donné, les hérédités et les legs à eux adressés. Mais fallait-il aussi comprendre dans la répétition les fruits des choses données ? Nous avons déjà examiné cette question. Nous avons vu que quant aux intérêts ils ne pouvaient pas être répétés entre époux, mais qu'il y avait controverse relativement aux fruits. Aussi, nous nous contentons de renvoyer à ce que nous avons dit sur cette question ; nous rappelons seulement que nous avons adopté l'opinion de

Marcellus, qui admettait la révocation de la donation pour tous les fruits, et, par conséquent, permettait de les revendiquer.

Le débat qui naissait de la demande du donateur devait s'agiter entre le donataire et lui, les autres personnes y restant complétement étrangères. Ainsi, si les parties ayant figuré dans l'acte avaient été la femme et son beau-père ayant le mari sous sa puissance, le mari restait étranger à la contestation.

En résumé, l'époux donateur avait deux actions pour se faire restituer les choses par lui données à son conjoint : la *vindicatio*, lorsque l'objet donné était encore en la possession du donataire, et la *condictio* dans le cas contraire. L'action *rei uxoriæ*, par laquelle la femme réclamait ordinairement ce qui lui était dû par son mari, ne s'appliquait pas ici. Du reste, la femme avait plus d'intérêt à employer la *condictio* que l'action *rei uxoriæ*, puisque cette dernière, action de bonne foi, comportait un tempérament en faveur du mari qui n'était condamné que *quatenus facere poterat*, tandis que la *condictio*, action de droit strict, n'apportait pas à son droit une pareille restriction.

## CHAPITRE II.

### DU SÉNATUS-CONSULTE RENDU SOUS SEPTIME SÉVÈRE ET ANTONIN CARACALLA.

Nous avons examiné, dans le chapitre précédent, toutes les règles primitives du droit romain sur la validité des donations entre époux, et, d'après ce que nous avons dit, il est facile de voir que la prohibition qui

frappait ces donations était beaucoup trop rigoureuse,
que la nullité était trop absolue. Il était nécessaire
d'adoucir cette rigueur extrême de la loi : car, si certaines raisons militaient en faveur de la prohibition
absolue, d'autres, qui n'avaient pas moins de force, la
faisaient considérer comme dangereuse et injuste. S'il
fallait protéger l'époux qui se laissait aller à des donations inconsidérées, ou qui ne les faisait que par
contrainte, il était nécessaire aussi de respecter la volonté libre et réfléchie, éprouvée par une persistance
d'intention qui se retrouvait encore au décès du donateur.

La nécessité d'un adoucissement relatif aux donations
entre époux se fit donc promptement sentir, et, en l'an
206, fut rendu un sénatus-consulte sur la proposition
de l'empereur Caracalla, du vivant de son père, Septime
Sévère, avec lequel il partageait le trône. L'innovation
apportée par ce sénatus-consulte se trouve résumée
dans ces termes de l'*oratio* rapportés par Ulpien : « *Fas
esse eum qui donavit pœnitere ; heredem vero eripere forsitan
adversus voluntatem supremam ejus qui donavit, durum et
avarum esse* » (L. 32, pr. D. *de donat. int. vir. et ux.*).
Ainsi, la voie du repentir était toujours ouverte à
l'époux donateur, et lorsqu'il prédécédait sans avoir
manifesté ce repentir, ses héritiers n'étaient pas rece-
vables à critiquer les donations confirmées ainsi par le
simple silence.

Ce sénatus-consulte est attribué par les textes,
tantôt à Septime-Sévère (L. 23, D. *de donat. int. vir. et
ux.*), tantôt à son fils Caracalla (LL. 3, 32 pr. et § 1, D.
*de donat. int. vir. et ux.*), tantôt à tous les deux (L. 3,

C. *de donat. int. vir. et ux.*): aussi quelques jurisconsultes ont-ils admis la coexistence de deux sénatus-consultes. Tout nous porte à croire cependant qu'il n'en a existé qu'un seul, car, s'il en eût été autrement, les textes nombreux du Digeste sur ce sujet feraient au moins connaître les dispositions spéciales de chacun d'eux et leurs différences. De plus, Ulpien, en racontant (L. 32 pr. D. *de donat. int. vir. et ux.*) un événement dont il était contemporain, ne peut être accusé d'avoir commis une erreur.

En réalité, le sénatus-consulte de l'an 206 ne fit qu'apporter une exception fort importante à la règle prohibitive des donations entre époux. Les donations restèrent nulles comme par le passé, à moins que toutes les conditions requises pour leur confirmation ne se trouvassent réunies.

Cependant on peut citer une différence relative à la rigueur de l'action révocatoire. Avant le sénatus-consulte, la nullité était absolue et proposable par les héritiers du donateur comme par le donateur lui-même, il importait peu que le donateur eût consommé ou aliéné la chose donnée ; Pomponius donnait contre lui l'*actio ad exhibendum* (L. 14, D. *ad exhib.*), et Julien l'*actio legis Aquiliæ*, pour l'avoir endommagée ou détruite (L. 37, D. *de donat. int. vir. et ux.*). Depuis ce sénatus-consulte, au contraire, la révocation était interdite aux héritiers, et tout recours était enlevé au donateur lui-même toutes les fois que la chose était sortie du patrimoine du donataire sans y laisser aucun enrichissement : « *Quod ait oratio, consumpsisse, sic accipere debemus, ne is qui donationem accepit, locupletior factus*

*sit : celerum si factus est, orationis beneficium locum habe-
bit* (L. 32, § 9, D. *de donat. int. vir. et ux.*).

La donation entre époux, sous l'empire de ce sénatus-
consulte , présentait beaucoup de rapports avec la
donation à cause de mort. Comme cette dernière , elle
était révoquée de plein droit par le prédécès de l'époux
donataire ; toutes deux étaient également nulles si le
donateur était incapable au jour de sa mort (L. 32, §§ 6,
7 et 8, D. *de donat. int. vir. et ux.*). Relativement à l'application de la loi Falcidie, les donations confirmées par
le décès étaient assimilées aux legs et aux donations à
cause de mort (L. 32, § 1er, *in fin.* , D. *de donat. int. vir.
et ux.*). Cependant il faut dire qu'en droit romain les
donations entre époux ne cessèrent jamais d'être des
donations entre-vifs : prohibées d'abord comme telles,
ce fut comme donations entre-vifs qu'elles furent confirmées plus tard par le sénatus–consulte.

## SECTION I.

### DES OBSTACLES A LA CONFIRMATION DES DONATIONS ENTRE ÉPOUX.

Parmi les causes qui s'opposaient à la confirmation
des donations entre époux, les principales étaient : *la
révocation par le donateur , le prédécès du donataire , sa
captivité , le divorce et plusieurs autres faits.* Nous allons
nous occuper successivement de ces différents obstacles
à la confirmation.

I. *Révocation.* — Le premier obstacle et le plus naturel était la révocation émanée du donateur dont le
simple caprice suffisait pour enlever au conjoint le titre
de donataire. En cas de variations successives dans la

volonté du donateur, on s'en tenait à la dernière manifestation (L. 32, § 3, D. *de donat. int. vir. et ux.*), et si la
volonté de révoquer était douteuse, la donation était
maintenue (L. 32, § 4, D. *de donat. int. vir. et ux.*).

Une déclaration expresse de changement de volonté
n'était pas nécessaire ; la révocation pouvait être expresse ou tacite. La *pœnitentia* pouvait très-bien s'induire de tels ou tels faits de nature à indiquer que
l'époux n'avait pas persévéré dans sa première intention.

La révocation expresse ne donnait lieu à aucune
difficulté, mais il n'en était pas toujours de même de la
révocation tacite ; dans certains cas, il était difficile de
reconnaître la véritable volonté du donateur.

Les aliénations véritables, entre-vifs ou à cause de
mort, emportaient toujours révocation de la donation
entre époux (L. 32, § 15, D. *de donat. int. vir. et ux.*).
Quant au fait par le donateur d'avoir conféré à son
créancier un droit de gage ou d'hypothèque sur la chose
donnée, il était considéré comme une révocation tacite
(L. 32, § 5, D. *de donat. int. vir. et ux.* — L. 12, C. *h. t.*),
et, pour qu'il en fût autrement, il fallait que la volonté
contraire fût bien établie. Cet état de choses ne fut
cependant pas toujours le même, la Novelle 162 décida,
avec plus de raison, que le gage et l'hypothèque sur la
chose donnée n'entraîneraient plus révocation. Cette
règle était plus conforme à l'intention probable du donateur, car bien peu de débiteurs qui donnent gage ou
hypothèque prévoient qu'un jour la vente de leurs biens
pourra devenir nécessaire.

Pour apprécier l'intention de l'époux donateur ayant

institué héritier *cum libertate* l'esclave par lui donné à son conjoint, on distinguait si l'institution était antérieure ou postérieure à la donation : dans le premier cas, Ulpien décidait que l'affranchissement était révoqué par la donation, et que l'esclave, au lieu de devenir libre et héritier nécessaire du donateur, acquérait l'hérédité au donataire ; dans le second cas, le même jurisconsulte voyait dans l'institution avec affranchissement l'intention de la part du disposant de s'assurer un héritier nécessaire et de révoquer la libéralité, à moins de preuves contraires (D. 22, D. *de donat. int. vir. et ux.*).

Le sort de la donation était donc en suspens jusqu'à la mort du donateur et elle cessait de valoir en cas de révocation expresse ou tacite de ce dernier. La mort de l'époux donateur confirmait la donation de quelque manière qu'elle arrivait, naturellement ou par suite d'une condamnation : il ne convenait pas, en effet, de punir l'époux innocent pour les crimes de son conjoint (L. 24 C. *de donat. int. vir. et ux.*).

La servitude était assimilée à la mort, et cependant elle ne validait point la donation, du moins lorsque le donateur devenait l'esclave d'un particulier. Par une exception toute de faveur, la *servitus pœnœ* confirmait les donations entre époux comme la mort même (L. 32 § 6, D. *de donat. int. vir. et ux.*). Dans le cas de déportation la donation restait en suspens jusqu'à la mort naturelle du donateur qui pouvait toujours la révoquer (L. 22 C. *de donat. int. vir. ux.*).

II. *Prédécès du donataire.* — La survie du donataire était la seconde condition requise pour la confirmation de la donation. Son prédécès avait pour résultat de faire retourner les choses données au disposant. Cependant cet effet aurait pu être analysé par une confirmation expresse émanée du donateur au profit des héritiers du gratifié (L. 32 § 10, D. *de donat. int. vir. et ux.*) ; mais lorsque cette confirmation expresse faisait défaut, les choses données pouvaient toujours être répétées contre les héritiers du donataire prédécédé qui les avait conservées ; ceux-ci ne pouvaient pas opposer la compensation de la donation par lui faite au survivant et dissipée depuis, laquelle se trouvait confirmée par le prédécès du donateur (L. 32 § 9, *in fin.* D. *de donat. int. vir. et ux.*).

Le prédécès du donateur n'était pas toujours un obstacle à la confirmation de la donation : ainsi, celle faite par la femme au père de son mari, c'est-à-dire à son beau-père, n'était pas toujours infirmée par le prédécès de ce dernier. Lorsque le mari était son unique héritier, la libéralité passait au fils, ou plutôt il se formait une nouvelle donation qui était recueillie par le mari (L. 32 § 18, D. *de donat. int. vir. et ux.*).

Le sort de la donation entre époux était facile à déterminer quand un certain temps s'était écoulé entre la mort du donateur et celle du donataire et qu'on pouvait établir un ordre de dates entre ces deux événements. Il en était différemment lorsqu'il s'agissait de *commorientes*, c'est-à-dire de personnes péries dans un même accident, par exemple par suite d'un naufrage ou d'un incendie, et lorsque les circonstances du fait ne pouvaient servir à établir laquelle des deux était morte la première. Alors s'élevait la question de savoir s'il fallait valider ou annuler les donations simples ou réciproques que ces deux époux avaient pu se faire. On décidait généralement que ces libéralités étaient confirmées, par cette raison que le donateur ne survivait pas pour agir en restitution (L. 8, D. *de reb. dub.*), ou qu'il n'était pas prouvé que le donataire fùt prédécédé (L. 32 § 14, D. *de donat. int. vir. et ux.*).

III. *Captivité du donataire.* — D'après les lois romaines, celui qui tombait entre les mains de l'ennemi perdait tous ses droits de citoyen; mais lorsqu'il parvenait à rompre ses fers et à rentrer à Rome, tous ses droits lni étaient rendus; et, par une condition résolutoire qu'on nommait droit de postliminium (*jus postliminii*), le temps de sa captivité était effacé de sa vie, il était remis dans son premier état comme s'il n'avait jamais cessé d'être libre (L. 12 § 6. — L. 16, D. *de capt. postl. revers.*), le droit de postliminium protégeait bien les citoyens qui, pris par l'ennemi, étaient assez heureux pour s'échapper; mais il laissait exposés à toute la rigueur des lois les malheureux qui souvent, victimes de la guerre, mouraient sans avoir le bonheur de revoir leur patrie. Ces derniers étaient protégés par la fiction de la loi Cornelia qui réputait morts au moment de leur captivité, c'est-à-dire dans la plénitude de leurs droits, ceux qui ne revenaient pas. Le principe de cette loi combiné avec le droit de postliminium peut servir à déterminer les effets de la captivité chez l'ennemi sur les donations entre époux.

Lorsque l'époux donateur devenu captif ne revenait pas à Rome, ou lorsqu'après son retour il mourait avant le donataire, la libéralité était confirmée. La solution était la même si c'était le donataire qui avait été fait prisonnier; et s'il était encore captif au moment de la mort du donateur, la libéralité n'en était pas moins validée par son retour dans la cité.

Mais que décider lorsque les deux époux, le donateur et le donataire, étaient tombés en même temps au pouvoir de l'ennemi? La fiction de la loi Cornelia fournissait encore la solution. Si aucun des époux ne revenait, on les supposait morts en même temps, le jour de leur captivité, et la donation subsistait; si un seul était revenu, il était par cela même censé avoir survécu et la donation était confirmée ou infirmée suivant qu'il était le donataire ou le donateur (L. 32 § 14, D. *de donat. int. vir. et ux.*).

IV. *Divorce.* — En règle générale, le divorce faisait obstacle à la confirmation des donations entre époux; elles étaient désormais considérées comme non avenues. D'après Ulpien, on suivait sur ce point les errements de l'ancien droit (L. 32 § 10, D. *de donat. int. vir. et ux.*); il n'est pas vraisemblable, dit-il, que l'intention de donner ait survécu au mariage dissous par le divorce. Cette présomption de révocation était également appliquée aux legs (L. 3, D. *de Aur. arg.*). Cependant, le donateur était parfaitement libre d'empêcher l'infirmation résultant du divorce par une confirmation expresse (L. 32 § 10, D. *de donat. int. vir. et ux.*), seulement il devait s'en expliquer formellement.

Les époux divorcés pouvaient, quand ils le voulaient, revenir ensemble; leur réunion supposait l'oubli et le pardon des injures et elle faisait naître une présomption contraire à celle du divorce: aussi la donation était-elle ravivée par cette circonstance et confirmée par la mort du donateur (L. 32 § 11, D. *de donat. int. vir. et ux.*).

Un simple refroidissement entre les époux n'empê-chait pas la confirmation de la donation ; il en était de même de l'habitation séparée qui ne peut détruire l'affection conjugale (L. 32 §§ 12 et 13, D. *de donat. int. vir. et ux.*).

Dans les premiers siècles de Rome il était permis à un père de dissoudre, selon son bon plaisir, le mariage *bene concordans* contracté avec son consentement (Paul v, vi § 15). Un pareil pouvoir dans les mains des pères de famille ne pouvait pas exister bien longtemps ; ce point de droit fut modifié par Antonin le Pieux et Marc-Aurèle (L. 5 C. *de repud.*). L'envoi du *repudium* par le père eut cependant pour effet, à partir de cette époque, de révo-quer les donations par lui faites.

Enfin, l'émancipation de l'un des époux (L. 32 § 21, D. *de donat. int. vir. et ux.*), l'empiétement sur la quarte Falcidie (L. 32 § 1, D. *de donat. int. vir. et ux.*), la fraude commise envers les créanciers ainsi que l'action Pau-lienne qui en résultait (L. 6 § 11, D. *quæ in fraud. cred.*), et le défaut d'insinuation étaient autant d'obstacles à la confirmation des donations entre époux.

## SECTION II.

### A QUELLES PERSONNES ET A QUELLES DONATIONS S'APPLIQUE LE SÉNATUS-CONSULTE.

Quant aux personnes, l'étendue du sénatus-consulte de Septime-Sévère et d'Antonin Caracalla était la même que celle de la prohibition. L'*oratio Severi* s'appliquait

4

non pas seulement aux époux, mais encore aux personnes avec lesquelles ils se confondaient. Nous n'avons donc rien de spécial à dire ici : aussi nous renvoyons aux développements que nous avons donnés sur les libéralités qui ont lieu *inter virum et uxorem* (chap. I. sect. 1).

Quant aux donations, l'*oratio* s'appliquait non-seulement aux donations consenties pendant l'union des époux, mais encore à celles qui avaient lieu entre fiancés et dont l'exécution était reportée à l'époque du mariage (L. 32 § 22. D. *de donat. int. vir. et ux.*). Toutes les donations nulles uniquement comme faites entre époux se trouvaient confirmées par ce sénatus-consulte qui validait toutes les libéralités exécutées par tradition, par omission ou par déguisement d'acte. Mais était-il applicable aux donations faites par promesse ou remise de dettes ? Cette question était l'objet des plus vives controverses. Quelques jurisconsultes soutenaient que l'innovation introduite par l'*oratio Severi* ne devait s'appliquer qu'aux donations suivies d'exécution et par lesquelles le donateur s'était dessaisi de son vivant. Papinien était de cet avis, comme nous l'apprend Ulpien dans la loi 23 D. *de donat. int. vir. et ux.*, qui est ainsi conçue : « *Papinianus recte putabat orationem divi Severi ad rerum donationem pertinere.* » Cette loi est très-claire et ne peut laisser aucun doute sur l'opinion de ce jurisconsulte ; elle consacre d'une manière bien positive une distinction entre les donations suivies d'exécution et les donations consistant en une simple promesse non exécutée. Cette opinion de Papinien a été adoptée par de nombreux interprètes, Cujas, Vinnius, Pothier et Furgole.

Ce dernier pense que la distinction entre les donations par tradition et les donations par promesse a existé jusqu'à Justinien, mais que, depuis cet empereur, la confirmation a dû être appliquée aussi bien aux unes qu'aux autres, ces donations étant valables par la simple convention.

Ulpien, s'attachant plus à l'esprit qu'à la lettre du sénatus-consulte, l'étendait à toutes les donations : « *Oratio imperatoris nostri de confirmandis donationibus non solum ad ea pertinet, quæ nomine uxoris a viro comparata sunt, sed ad omnes donationes inter virum et uxorem factas* » (L. 32 § 1, D. *de donat. int. vir. et ux.*). Nous trouvons dans de nombreuses lois l'application de cette doctrine (L. 33 pr. et § 2, D. *de donat. int. vir. et ux.*).

Quelques auteurs, tout en reconnaissant une opposition entre les deux jurisconsultes, ont essayé de concilier historiquement leurs avis. D'après eux, deux sénatus-consultes auraient été rendus sur cette matière : le premier appartiendrait à Septime-Sévère et il n'aurait concerné que les donations suivies de tradition ; le second serait d'Antonin Caracalla et il aurait généralisé, en faveur des donations de tout genre, la règle qui primitivement n'avait été créée que pour certaines donations. Ce serait seulement à raison de ce nouveau sénatus-consulte qu'Ulpien aurait été autorisé à émettre une doctrine plus large que celle de Papinien.

Beaucoup de commentateurs ont méconnu l'existence d'un dissentiment entre les deux jurisconsultes et, pour soutenir leur opinion, ils ont argumenté de la loi 23 ; ils ont prétendu que, dans cette loi, Ulpien a approuvé le sentiment de Papinien en employant ces expressions : *Papinianus rectè putabat*, et qu'il ne s'est pas borné à rapporter l'avis de son prédécesseur. D'autres ont trouvé bien plus facile de supprimer le mot *rectè*.

Quant à nous, nous n'oserions pas adopter une méthode aussi expéditive et aussi commode : aucun manuscrit n'autorise ce procédé. Nous préférons adopter l'interprétation de M. de Savigny : suivant lui, l'approbation, le *rectè* d'Ulpien ne s'appliquerait qu'à la première proposition de Papinien sur les donations par tradition ; quant à la seconde, sur les donations par promesse, il la rapportait pour en donner, sans doute, une réfutation dont nous ont frustrés les ciseaux de Tribonien, probablement à cause de l'exclusion qui avait frappé longtemps les notes d'Ulpien sur les ouvrages de Papinien.

M. Machelard, tout en reconnaissant, comme M. de Savigny, un dissentiment entre Ulpien et Papinien sur la question dont nous nous occupons, n'explique cependant pas comme ce jurisconsulte le *rectè* qui se trouve dans la loi 23. Voici comment, selon ce savant professeur, les choses se sont passées. Ulpien, dit-il, après avoir rapporté l'opinion de Papinien, exposait probablement son dissentiment. Les rédacteurs des Pandectes obéissant par routine à l'usage ancien de donner la prépondérance à Papinien auront supprimé la partie critique du texte d'Ulpien, et, en conservant celle qui mentionne l'avis de Papinien, ils y auront intercalé le mot *rectè* qui résolvait, en conformité de la règle établie depuis Constantin, la divergence d'opinions entre les deux jurisconsultes. Malheureusement, quand ils se sont trouvés en présence d'autres passages d'Ulpien qui n'exprimaient que sa propre doctrine, ils l'ont reproduite fidèlement sans se souvenir que, dans son débat avec Papinien, ils lui avaient imposé la nécessité de plier sous l'autorité du prince des jurisconsultes (*Machelard, Traité des donations entre époux, p.* 280).

Quoi qu'il en soit, cette question ayant été soulevée par les jurisconsultes qui interprétaient le Digeste à l'époque de Justinien, elle fut résolue affirmativement par cet empereur dans la Novelle CLXII, chap. I. Cette Novelle n'est pas glosée, il est vrai ; mais, bien qu'on en ait contesté la force législative, il faut cependant reconnaître qu'elle a la plus grande autorité historique et doctrinale.

Nous terminons ici l'exposé de la législation romaine sur les donations entre époux. Nous serions heureux de suivre les progrès du droit sur cette matière et les examiner successivement dans notre ancien droit et sous l'empire du Code Napoléon, mais il nous serait impossible de traiter ici un sujet aussi vaste. Nous préférons, dans la seconde partie de ce travail, ne nous occuper que de la quotité disponible entre époux, matière très-importante et que nous avons l'intention de traiter aussi complétement qu'il nous sera possible.

# DROIT FRANÇAIS.

## DE LA QUOTITÉ DISPONIBLE ENTRE ÉPOUX.

### HISTORIQUE.

Les père et mère doivent, pendant leur vie, nourrir, élever, aider et secourir leurs enfants ; mais ce ne sont pas là leurs seuls devoirs, ils doivent encore leur fournir le moyen de conserver l'existence qu'ils leur ont donnée et assurer leur avenir en leur laissant une partie de leurs biens. Par une juste réciprocité, la reconnaissance impose la même obligation aux enfants en faveur de ceux auxquels ils doivent le bienfait de la vie. Aussi, la loi partage le patrimoine en deux parties : la *portion disponible* et la *réserve*.

On distingue la quotité disponible ordinaire et la quotité disponible entre époux, et c'est de cette dernière que nous devons ici nous occuper ; mais, avant d'en exposer les règles sous la législation qui nous régit aujourd'hui, il convient de nous demander quelles étaient les dispositions de la loi romaine sur cette matière et de voir quelles modifications successives y ont été apportées jusqu'à la promulgation de notre Code Napoléon.

## § I. — *Droit romain.*

Dès les premiers siècles de Rome on ne connut point
le caractère sacré du lien conjugal et les seconds mariages ne furent pas moins favorisés que les premiers ;
nous pouvons même dire qu'ils furent encouragés par
les lois romaines. Les lois Julia et Papia Poppæa eurent
pour but d'augmenter le nombre des citoyens si cruel-
lement moissonnés par les guerres; elles furent aussi
favorables aux seconds mariages qu'aux premiers et
négligèrent complétement les intérêts des enfants du
premier lit : de sorte que ces malheureux étaient souvent
dans la plus extrême misère, tandis que leurs frères,
enfants du second mariage, étaient dans l'opulence.
L'intérêt politique alla même jusqu'à faire punir la
femme qui ne se remariait pas dans les deux mois du
veuvage ou dans les dix-huit mois du divorce.

Cet état de choses ne pouvait survivre au paganisme ;
les empereurs chrétiens virent dans le mariage autre
chose qu'un instrument politique ; non-seulement ils
n'encouragèrent pas les seconds mariages, mais encore
ils établirent des peines pécuniaires contre ceux qui,
oubliant qu'ils avaient juré amour et fidélité à leur premier conjoint, convolaient à de secondes noces. Le sort
des enfants du premier lit attira surtout leur attention,
et de nombreuses constitutions vinrent protéger les
intérêts de ces enfants jusqu'alors trop négligés. Il y
eut dès lors à distinguer entre les premiers et les seconds mariages. Conforme au droit commun dans la
première hypothèse, le disponible varia dans la seconde

avec l'origine des biens, et suivant que le disposant avait ou n'avait pas d'enfants de son premier lit.

Tout d'abord, en l'an 381, les empereurs Gratien, Valentinien et Théodose étendirent de dix mois à un an le délai pendant lequel la femme ne pouvait sans infamie contracter un nouveau mariage (L. 2, C. *de secund. nupt.*). L'année suivante, ces mêmes empereurs, par la constitution *Feminæ quæ*, ainsi appelée parce qu'elle commençait par ces mots, imposèrent, à la veuve remariée, même après l'année de deuil, l'obligation de transmettre intégralement à ses enfants du premier mariage, ou du moins à l'un d'eux par elle choisi, les biens lui provenant de son premier mari et de n'en conserver que l'usufruit. Ils lui défendirent d'en aliéner aucune partie sous peine d'être poursuivie sur ses biens personnels.

La constitution *Feminæ quæ* ne se contenta pas de prononcer cette incapacité contre la veuve qui convolait en secondes noces, elle lui défendit également de disposer en aucune manière des biens par elle recueillis dans la succession de l'un des enfants du premier lit, décédé depuis le convol, et elle décida qu'elle devait en laisser la propriété aux autres enfants (L. 3, C. *de secund. nupt.*).

Mais s'il était juste d'empêcher la mère qui se remariait de conserver les biens à elle donnés par son mari ou recueillis depuis le convol, dans la succession de l'un de ses enfants du premier mariage, il était aussi conforme à toutes les règles de la justice d'attribuer aux enfants du second lit les biens provenus à leur mère de son second mari. C'est ce que fit, par une juste réciprocité, une constitution de Théodose II et d'Honorius (L. 4, C. *de secund. nupt.*).

La disposition de la constitution *Feminæ quæ* était, comme nous l'avons vu, applicable seulement aux femmes qui contractaient une nouvelle union, mais elle n'atteignait pas les hommes. Ce fut la constitution *Generaliter* (L. 4, C. *de secund. nupt.*) qui étendit à ces derniers la pénalité prononcée contre les veuves remariées.

Léon et Anthémius (L. 6 § 2, C. *de secund. nupt.*) donnèrent aux enfants une hypothèque tacite sur les biens de la mère remariée pour la garantie de la restitution à eux due. Plus tard, cette hypothèque fut étendue aux biens du père remarié (L. 8 § 4, C. *de secund. nupt.*).

Justinien apporta de nombreuses innovations en cette matière. La constitution *Generaliter,* dont nous avons déjà parlé ci-dessus, dispensait les enfants du premier lit de la nécessité d'être héritiers de leur auteur prédécédé pour avoir droit aux biens que tenait de lui le survivant remarié. La Novelle XXII, ch. XXVI, § 1, n'exigea même pas qu'ils fussent héritiers de ce dernier.

De même, les Novelles II, ch. I, et XXII, ch. XXV, enlevèrent au survivant qui se remariait le droit de choisir parmi les enfants du premier lit celui qui bénéficierait des biens réservés.

Enfin, l'obligation de transmettre aux enfants les gains nuptiaux, d'abord limitée au cas où le mariage avait été dissous par la mort, fut étendue par la Novelle XXI, ch. xxx, au cas de dissolution par le divorce intervenu même *bona gratia.*

Jusqu'ici nous avons parlé des principales constitutions et Novelles relatives aux droits respectifs des veufs et des veuves remariées, et de leurs enfants par rapport aux gains nuptiaux. Nous avons vu que la constitution *Feminæ quæ* avait réduit à l'usufruit le droit du conjoint remarié sur les biens qu'il avait reçus de son premier époux, et que, par là, elle .avait assuré aux enfants du premier lit la propriété de ces biens. Mais cela ne suffisait pas ; il fallait, de plus, que ce conjoint remarié ne se dépouillât pas inconsidérément de ses autres biens au profit d'un nouvel époux, soit par des libéralités auxquelles la prohibition générale ne s'appliquait pas, soit par des actes entre-vifs qu'aurait confirmés le sénatus-consulte de Septime-Sévère et d'Antonin Caracalla.

Dès l'année 380, la veuve *infamis,* pour avoir convolé avant l'expiration du délai de deuil, ne peut, en vertu d'une constitution des empereurs Théodose Ier et Valentinien II, laisser à son nouveau mari, par testament ou par donation à cause de mort, que le tiers de sa fortune (L. 1, C. *de secund. nupt.*). Plus tard, en 469, une autre constitution due aux empereurs Léon et Anthémius, statuant pour la veuve qui ne craignait pas l'infamie comme pour celle qui respectait son deuil, pour l'homme veuf comme pour la veuve, la constitution *Hac edictali* (L. 6, C. *de secund. nupt.*), défendit à l'époux binube, ayant des enfants d'un précédent lit, de donner à son nouveau conjoint, de quelque façon que ce fût,

une part plus forte que celle de l'enfant le moins prenant. Lorsque la libéralité dépassait la portion disponible fixée par cette constitution, la réduction s'en
devait opérer au profit exclusif des enfants du premier
mariage.

Enfin, une constitution célèbre, connue sous le
nom de *Quoniam*, datée à tort de l'an 486, puisque
Justinien, qui en est l'auteur, ne fut empereur qu'en
527, ayant étendu le bénéfice de cette réduction aux
enfants du second lit, fut abrogée par la Novelle XXII,
ch. XXVII, qui consacra sur ce point la législation antérieure.

## § II. — *Ancien droit français.*

Si, après avoir examiné les règles du droit romain
sur la matière qui nous occupe, nous passons à notre
ancien droit français, nous voyons, tout d'abord, que
le disponible entre époux variait suivant qu'il y avait
ou non des enfants du premier lit.

Dans ce dernier cas, il fallait appliquer les règles du
droit commun, chaque époux pouvait disposer en faveur de son conjoint de toute la portion de ses biens
qu'il lui était permis de donner à un étranger. Cependant le donateur devait respecter la légitime des ascendants et des descendants ; toutes les fois que les libéralités entamaient cette légitime, elles étaient réductibles.

Dans le Midi de la France, c'est-à-dire dans les pays
du droit écrit, que le droit romain ne cessa jamais de
gouverner, le taux de la légitime était le même que

celui qui avait été fixé par les Novelles dont nous avons déjà parlé.

Les pays de droit coutumier avaient aussi leur légitime qui était la même que celle qui existait dans les pays de droit écrit ; cependant, certaines Coutumes, telles que celles d'Angoumois, de Monfort, etc., venaient, dans certains cas, en restreindre la mesure. Ainsi, la Coutume d'Angoumois ne permettait aux époux de se donner l'un à l'autre que l'usufruit de leurs meubles et acquêts et du tiers de leurs propres, et encore lorsqu'ils n'avaient pas d'enfants. Celle de Monfort bornait, dans le même cas, le don à l'usufruit des meubles et conquêts et du quart seulement des propres. La Coutume d'Auvergne faisait une distinction très-remarquable, elle permettait au mari de faire à sa femme donation entre-vifs de tous ses biens, sauf le droit des légitimaires, mais elle défendait à la femme toute disposition en faveur du mari.

La question de savoir quel était le taux de la légitime présentait souvent, à raison de la diversité des Coutumes, quelques difficultés pratiques. Lorsque la donation avait pour objet un immeuble, comme il s'agissait d'un statut réel, c'était la loi du lieu de la situation qui en réglait la quotité. Si la libéralité ne comprenait que des effets mobiliers, comme ils n'avaient pas de situation propre, c'était le statut du domicile du conjoint donateur qui en fixait la mesure. Il ne suffisait donc pas toujours de consulter la Coutume du lieu du domicile des conjoints.

Quand l'époux donateur n'avait pas d'enfants, le disponible entre gens mariés se réglait par le droit commun. Mais lorsque l'époux donateur avait des enfants d'un premier lit, il en était tout autrement.

Nous avons vu que les seconds mariages n'étaient pas vus d'un œil favorable par la législation romaine ; que la femme assez oublieuse des convenances pour convoler dans l'année de deuil était frappée d'infamie et de certaines incapacités. Cette rigueur fut adoucie par les constitutions canoniques, qui déchargèrent de la tache d'infamie les mères qui se remariaient avant le temps permis. Quelques cours souveraines du royaume imitèrent les constitutions canoniques ; d'autres abolirent même toutes les incapacités attachées aux seconds mariages. Enfin, en 1560, sous le règne de François II, fut rendu l'édit des secondes noces, qui ne fit qu'étendre aux pays coutumiers les constitutions *Feminæ quæ*, *Generaliter* et *Hac edictali*, déjà suivies depuis longtemps dans les provinces du droit écrit.

L'édit des secondes noces, œuvre du chancelier de l'Hôpital, avait pour but, comme nous l'indique son préambule, de préserver les enfants du premier lit contre le danger des libéralités exagérées faites au nouveau conjoint par leur auteur remarié. Il contenait deux chefs. Le premier, comme la constitution *Hac edictali* qu'il reproduisait, limitait à une part d'enfant le moins prenant la quantité de biens dont l'époux remarié avec enfants pouvait, en général, disposer au profit de son nouveau conjoint. Le second, à l'exemple des lois *Feminæ quæ* et *Generaliter*, grevait, entre les mains de l'époux qui convolait, certains biens de substitution au profit des enfants du premier lit. Nous allons examiner successivement ces deux chefs.

Le premier était ainsi conçu :

« Ordonnons que les veuves, ayant enfant ou en-
« fants, ou enfants de leurs enfants, si elles passent
« à nouvelles noces, ne pourront, en quelque façon
« que ce soit, donner de leurs biens, meubles, acquêts
« ou acquis par elles d'ailleurs que de leur premier
« mari, ni moins leurs propres, à leurs nouveaux ma-
« ris, père, mère ou enfants desdits maris, ou autres
« personnes qu'on puisse présumer être par dol ou
« fraude interposées, plus qu'à l'un de leurs enfants,
« ou enfants de leurs enfants ; et, s'il se trouve division
« inégale de leurs biens faite entre leurs enfants, ou
« enfants de leurs enfants, les donations par elles
« faites à leurs nouveaux maris seront réduites et me-
« surées à la raison de celui des enfants qui aura le
« moins. »

Les personnes auxquelles s'appliquait la défense de
ce premier chef de l'édit étaient donc les veuves remariées qui laissaient en mourant un ou plusieurs enfants
d'un précédent mariage. Lorsque la femme qui se remariait n'avait aucun enfant, ou aucun enfant de ses
enfants, elle était cependant comprise dans les termes
de l'édit si elle ou quelqu'une de ses brus était grosse
d'un posthume qui naissait par la suite. On appliquait
la maxime juridique que l'enfant simplement conçu est
réputé né lorsque son avantage l'exige ainsi : *Qui in
utero est, pro jam nato habetur, quoties de commodo ejus
agitur* (L. 7, D. *de stat. hom.* — L. 231, D. *de verb. sign.*).

L'édit n'avait pas compris expressément dans sa
défense les hommes veufs, qui se remariaient quoique ayant des enfants ou autres descendants d'un pré-

cédent mariage, mais cette lacune fut bientôt comblée par la jurisprudence des parlements. Un arrêt du 15 juillet 1587 déclara en termes formels que l'édit comprenait tant les maris que les femmes, parce que la raison de décider était la même pour les uns que pour les autres ; et depuis, nous dit Ricard (n° 1190), cette question a toujours reçu la même solution.

C'était à son nouveau conjoint que l'époux remarié ne pouvait donner plus que ne permettait l'édit. Cependant la même prohibition s'appliquait aux père, mère ou enfants de l'époux donataire ainsi qu'aux autres personnes qui pouvaient être présumées personnes interposées. Rien n'eût été plus facile, en effet, que de faire, par l'intermédiaire de ces personnes, des libéralités dépassant le disponible fixé, et d'éluder ainsi la défense de l'édit. Le même motif faisait étendre la présomption d'interposition à tous les parents de la ligne directe ascendante, ainsi qu'aux petits-enfants et à toute la ligne directe descendante. Mais il ne fallait pas considérer comme personnes interposées les enfants communs de la femme remariée et du nouveau mari, ils avaient des titres suffisants à l'affection et aux libéralités de chacun de leurs auteurs.

Lorsqu'un conjoint, ayant des enfants d'un précédent mariage, passait successivement à différents mariages, il est certain que ce n'était pas à chacun de ses nouveaux époux, mais à tous ensemble que cet époux ne pouvait donner que la valeur de la part de l'enfant le moins prenant. Ainsi, la personne qui avait des enfants d'une première union et qui avait donné à son second époux une part d'enfant ne pouvait rien donner à son troisième conjoint.

Toute libéralité faite par l'époux remarié à son conjoint était soumise à la réduction de l'édit des secondes noces, dès qu'elle excédait la valeur de la part de l'enfant le moins prenant dans la succession du donateur. Les dons simples ou réciproques, entre-vifs et testamentaires et tous les avantages qui pouvaient résulter indirectement des conventions ordinaires du mariage étaient réductibles en faveur des enfants du premier lit.

La question de savoir si les donations mutuelles et égales faites par une femme à son second mari, et réciproquement, étaient sujettes à la réduction de l'édit, soulevait des controverses. Ces donations, disait-on, sont des contrats intéressés de part et d'autre, des contrats aléatoires, mais non de véritables donations. D'un autre côté, elles ne font aucun tort aux enfants du premier mariage. Cependant la jurisprudence décidait que ces donations mutuelles et égales étaient sujettes à la réduction de l'édit.

Le *douaire* était une grande institution coutumière provenant d'une autre beaucoup plus ancienne, le *morgengabe* ou don du matin. *Au coucher femme gagne son douaire*, disait l'art. 367 de la Coutume de Normandie. Le douaire de la femme était ce que la convention ou la loi accordait à la femme dans les biens de son mari, pour sa subsistance, en cas de survie. Il n'y en avait autrefois qu'une seule espèce, le *douaire conventionnel*, c'est-à-dire celui dont les parties étaient convenues par le contrat de mariage; mais plus tard, dans la plupart des Coutumes, on reconnut le *douaire coutumier*, qui était accordé par la loi municipale.

Le douaire était bien pour la femme un titre lucratif en ce sens qu'elle ne donnait rien pour et à la place de ce qu'elle recevait à ce titre, néanmoins il ne pouvait être regardé comme une véritable donation faite par le mari à sa femme. Une donation est une libéralité qu'on fait à quelqu'un sans y être obligé : or, le douaire coutumier ou conventionnel était obligatoire.

Cependant, lorsque le douaire conventionnel excédait la valeur du douaire coutumier, il était, jusqu'à concurrence de cet excédant, réputé un avantage fâit par le mari à sa femme, et par conséquent sujet à la réduction de l'édit.

La part de l'enfant le moins prenant servait de limite à la libéralité qu'un époux remarié pouvait faire à son conjoint ; tout ce qui excédait cette part d'enfant était réductible. Lorsque les enfants du donateur étaient tous au premier degré et héritiers, et qu'il n'y avait pas inégalité de parts entre eux, le nouvel époux était compté comme un enfant de plus et prenait avec eux une part virile. Dans le cas contraire, le partage se faisait par souche, et le nouvel époux prenait une part égale à celle attribuée à chaque souche. Les enfants morts sans postérité avant le donateur, ceux qui avaient renoncé, et les indignes ne devaient pas être comptés lorsqu'il s'agissait d'apprécier la part d'enfant le moins prenant.

Le droit du conjoint en secondes ou troisièmes noces était donc bien déterminé, c'était la part que pouvait légalement exiger l'enfant le moins prenant ; ce n'était pas seulement la part dont il voulait bien se contenter ;

5

ce n'était pas non plus la dot moyennant laquelle une fille, par son contrat de mariage, avait renoncé à sa part d'héritage.

Mais qui avait le droit d'exercer l'action en réduction? Tout d'abord ce droit appartenait évidemment aux enfants du premier lit; et comme les biens retranchés de la donation faite au second mari appartenaient à la mère commune, on accordait aussi aux enfants du second lit le droit de faire réduire la libéralité qui dépassait la quotité disponible fixée par l'édit. On ne faisait, du reste, que suivre les errements du passé, puisque nous avons vu que la constitution *Quoniam*, contrairement à la constitution *Hac edictali*, accordait l'action en réduction aussi bien aux enfants du second mariage qu'à ceux du premier. Dans les pays de droit écrit, au contraire, on suivait la Novelle XXII, ch. XXVII, de Justinien, qui n'accordait pas ce droit aux enfants du second lit.

Pour pouvoir exercer l'action en réduction il était, suivant nous, nécessaire d'être héritier. En effet, la donation faite au second mari était nulle jusqu'à concurrence de ce qui devait être retranché : or, une donation nulle ne pouvant pas transférer la propriété, le second mari n'avait jamais été propriétaire de la chose qui devait être retranchée, la propriété en était toujours restée à la mère et se trouvait dans sa succession. Donc, pour l'y recueillir il fallait venir à cette succession et, dès lors, être héritier. C'est pour cela que les enfants exhérédés ne pouvaient ni demander ni profiter de la réduction. C'est pour la même raison que l'on n'accordait pas ce droit aux filles qui, dans certaines Coutumes, par leur mariage et la dot par elles reçue, étaient exclues des successions de leurs père et mère qui les avaient dotées ; et à celles qui, par leur contrat de mariage, avaient renoncé à la succession en faveur de leurs frères. Beaucoup d'auteurs, par exemple Ricard (n° 1288), Lebrun (*succ.*, l. II, ch. vi, § 1, n^os 11-16) et Pothier (*succ.*, l. II, ch. vi, § 1, n° 2), prétendaient cependant qu'il n'y avait pas dans le droit au retranchement un droit successoral, mais un bénéfice particulier résultant de l'édit, lequel n'en avait pas subordonné l'existence à la qualité d'héritier.

C'était à la mort de l'époux donateur que s'ouvrait le droit de demander la réduction ; et ceux qui avaient ce droit pouvaient, lorsqu'il s'agissait d'immeubles, se faire rendre l'excédant en exerçant de ces actions qu'on appelait personnelles réelles, la *condictio ex lege*, contre le donataire qui, en recevant plus que ne permettait l'édit, avait contracté l'obligation de restituer l'excédant. Lorsque la donation avait pour objet de l'argent ou des objets mobiliers, les enfants ne pouvaient guère intenter qu'une action personnelle en restitution de la valeur contre le donataire ou ses héritiers.

Pour savoir s'il y avait lieu au retranchement et jusqu'à quelle limite il devait être exercé, il fallait faire une masse des biens meubles et immeubles qui composaient la succession de la mère, y réunir ceux qui avaient été donnés, faire l'estimation de tous ces biens et, d'après cette estimation, déterminer la part de l'enfant le moins prenant, et si la donation faite au second mari en excédait le montant ainsi calculé, elle était réductible jusqu'à concurrence de cette part.

L'estimation devait se faire eu égard à la valeur des choses au temps de l'ouverture de la succession et abstraction faite des améliorations et détériorations survenues depuis la donation par le fait du donataire ou de ses ayants-cause, qui restaient créanciers du montant des premières et débiteurs de la valeur représentative des secondes. Cependant, lorsque les choses avaient été détériorées par la faute du second mari donataire, elles ne devaient pas être estimées eu égard seulement à l'état de dégradation lors de l'ouverture de la succession de la donatrice, mais eu égard à a valeur qu'elles auraient si lès dégradations n'avaient pas été commises.

Nous avons vu ci-dessus comment se faisait le partage de la succession du donateur ou de la donatrice entre les enfants des deux lits et l'époux donataire; mais, lorsque l'action en réduction avait été exercée et le retranchement opéré, le second mari devait-il être admis au partage des choses retranchées et en prendre une part égale à celle qui était attribuée à l'un des enfants? Cette question était vivement controversée. Renusson (*Comm. part.* IV, ch. III, n° 67) et Lebrun (*Succes.*,.I. II, ch. VI, n°s 19-21) soutenaient l'affirmative; Ricard (n° 1319) et Pothier (n° 594), la négative. Ces deux derniers, pour défendre leur opinion, argumentaient d'abord de la loi *Hac edictali* qui portait : « *Id quod relictum, vel donatum, vel datum fuerit, tanquam non scriptum, nec derelictum, vel donatum, vel datum sit, ad personas deferri liberorum, et inter eos dividi jubemus.* » Ils se fondaient aussi sur la Novelle XXII, ch. XXVII, dont les termes étaient encore plus formels : « *Quod plus est in eo quod relictum , aut datum est, aut novercœ , aut vitrico , ac si neque scriptum, neque relictum, aut datum, vel donatum , competit filiis ; et inter eos solo ex œquo dividitur , ut oportet.* » Suivant eux ces deux dispositions , surtout la dernière, ne pouvaient laisser aucun doute sur la question.

Contrairement à ces jurisconsultes, nous pensons qu'il fallait permettre au conjoint donataire de venir partager avec les enfants du donateur ou de la donatrice, suivant les cas , la portion de biens retranchée. L'édit, en déclarant que les femmes ne pouvaient donner à leurs seconds maris plus qu'à l'un des enfants le moins prenant , ne voulait pas que le second mari pût avoir plus que l'un des enfants le moins prenant, mais il ne voulait pas non plus qu'il pût avoir moins. Or, c'est précisément ce qui serait arrivé si l'on ne l'avait pas admis au partage des biens retranchés.

Pour remplir le vœu du législateur, il fallait donc, comme nous l'avons déjà dit , rapporter fictivement les biens donnés à la masse qui, ainsi composée , devait se partager entre tous les enfants, y compris le donataire, et ce n'était qu'après avoir déterminé de cette façon la part de ce dernier qu'il convenait de réduire réellement à cette part la portion par lui reçue.

Une personne remariée, et qui avait des enfants d'un lit précédent, voulant gratifier autant qu'elle le pouvait son nouveau conjoint , sans dépasser les limites imposées par l'édit, lui donnait souvent , en termes généraux , *une part d'enfant.*

Une telle libéralité constituait une donation de biens à venir qui ne pouvait se faire que par contrat de mariage et, quoique n'étant pas une véritable institution contractuelle, elle devenait cependant caduque par le prédécès du donataire avant la donatrice ou le donateur. Quelques auteurs, Pothier par exemple, pensaient même que les enfants étaient tacitement substitués à l'époux donataire comme cela avait lieu pour l'institution contractuelle souscrite par un tiers. Cette opinion n'avait rien de sûr : aussi pensons-nous qu'il était prudent de stipuler formellement la substitution dans le contrat.

Le donataire d'une part d'enfant avait le droit de prendre cette part dans tous les biens de la succession de la donatrice, sauf néanmoins dans certains biens mentionnés dans le second chef de l'édit. Il n'était pas tenu de payer les dettes de son auteur *ultra vires*, mais seulement jusqu'à concurrence des biens par lui reçus.

Disons enfin, pour terminer l'examen du premier chef de l'édit des secondes noces, que lorsque la donatrice mourait sans laisser d'enfants, le donataire d'une part d'enfant ne pouvait pas prétendre à la totalité de la succession. Nous pensons, comme Ricard, qu'il n'avait droit qu'à la moitié des biens laissés par la donatrice. C'est du reste ce qui a lieu sous l'empire de notre législation actuelle.

Le premier chef restreignait, comme nous venons de le voir, en faveur des enfants du premier lit, la quotité de biens dont l'époux remarié pouvait disposer au profit de son nouveau conjoint. Mais cela ne suffisait pas, il fallait protéger encore d'une façon plus complète les intérêts des enfants du premier mariage; il fallait défendre à l'époux qui convolait de donner à son second

époux les biens qui provenaient de son premier conjoint. Tel était l'objet du second chef de l'édit des secondes noces.

Ce second chef était ainsi conçu :

« Au regard des biens à icelles veuves acquis par dons
« et libéralités de leurs défunts maris, icelles n'en peu-
« vent et ne pourront faire part à leur nouveau mari ;
« ainsi elles seront tenues les réserver aux enfants
« communs d'entre elles et leurs maris, de la libéralité
« desquels iceux biens leur seront advenus ; le sembla-
« ble voulons être gardé ès biens qui seront venus aux
« maris par dons et libéralités de leurs défuntes femmes,
« tellement qu'ils n'en pourront faire don à leur seconde
« femme, mais seront tenus les réserver aux enfants
« qu'ils auront eus de leur première. »

Lorsque nous nous sommes occupé des secondes noces,
nous avons vu que la constitution *Feminœ quœ*, due aux
empereurs Gratien, Valentinien et Théodose, avait défendu à la femme qui se remariait de donner à son nouvel époux les biens qui lui provenaient de son premier
conjoint. Nous avons aussi parlé de la constitution *Generaliter* due à Valentinien et à Théodose, qui avait
étendu aux hommes la disposition de la constitution
*Feminœ quœ* qui n'était relative qu'aux femmes. En
comparant les dispositions de ces deux constitutions à
celle du second chef de l'édit des secondes noces, il est
facile de voir qu'elles en ont été la source.

Ce second chef commence par ces mots : « *Au regard
des biens à icelles veuves acquis des dons et libéralités de
leurs défunts maris, etc.:.* » Ceci nous montre que l'époux
qui se remariait n'était forcé de restituer aux enfants

du premier lit que les biens à lui donnés par son premier époux. Aussi, ce qui avait été donné, soit à un homme, soit à une femme, par son contrat de mariage, et en faveur du mariage, par un autre que par son conjoint, ne pouvait être réclamé par les enfants du premier mariage.

Il en était de même de la réparation civile adjugée à une femme contre le meurtrier de son premier mari, et des biens meubles de la succession de ce dernier remis à sa veuve en qualité de gardienne noble des enfants du premier lit.

De même, le droit coutumier, conformément au droit romain (L. 5 § 1, C. *de secund. nupt.*), n'imposait pas à la veuve remariée l'obligation de réserver à ses enfants du premier mariage les biens recueillis par elle dans la succession de l'un d'eux, quand même celui-ci les tenait de son père.

Mais le second chef de l'édit s'appliquait à tout ce que l'époux qui convolait à de secondes noces avait reçu directement ou indirectement de son premier conjoint, et à tous les avantages résultant, pour l'époux remarié, de sa précédente convention matrimoniale : par exemple, au préciput conventionnel qui, ordinairement réputé à titre onéreux, prenait dans le second mariage un caractère purement gratuit, quoiqu'il fût réciproque et mutuel. Quant au douaire, nous avons déjà fait connaître notre opinion (page 69).

D'après le droit romain, l'époux binube se trouvait, par le fait même de son convol, dépouillé au profit des enfants du premier lit de la propriété des biens provenus de son premier époux, sous la seule réserve de l'usufruit (constitution *Generaliter*). L'édit dont nous nous occupons ne dépouillait pas immédiatement le donataire, il l'obligeait seulement à réserver les biens aux enfants communs; il le grevait d'une simple substitution légale dont la volonté, même formellement exprimée, du donateur ne pouvait l'affranchir. Les enfants du premier lit étaient donc censés tenir les biens qui leur revenaient non pas de leur mère, mais de leur père lui-même.

De ce principe résultaient plusieurs conséquences dont Pothier (Edit *des s. noces*, nᵒ 614) nous donne l'énumération : 1ᵛ l'époux donataire pouvait aliéner et obliger les immeubles compris dans la donation, mais seulement sous la condition du prédécès de tous les appelés; 2ᵒ les immeubles étaient, pour les appelés qui les recueillaient, des propres paternels ou maternels, suivant la qualité du grevant; 3ᵒ ils ne s'imputaient point sur la légitime due par le grevé; 4ᵒ ce dernier ne pouvait les distribuer à son gré entre les enfants du premier lit; 5ᵒ les enfants du second mariage n'avaient aucun droit sur ces biens.

L'édit n'imposait à l'époux qui se remariait l'obligation de réserver les biens qu'il tenait de la libéralité de son conjoint qu'au profit des enfants du premier lit, ceux du second n'y avaient aucun droit. Les premiers pouvaient donc seuls, à la mort du grevé qui ouvrait la substitution, attaquer les aliénations faites par ce dernier.

En cas de prédécès des enfants du premier mariage, leurs propres enfants les représentaient et prenaient leur place. Mais lorsque ces derniers mouraient aussi

avant le grevé, la substitution s'éteignait et les biens
redevenaient libres entre les mains de ce dernier. Un
nouveau veuvage du grevé était aussi une cause d'ex-
tinction de la substitution, puisque les enfants du premier lit ne couraient alors aucun danger d'être sacrifiés.

Telles étaient les principales règles contenues dans
cet important édit des *secondes noces*. Il ne nous reste
plus, pour terminer la partie historique de notre sujet,
qu'à examiner l'extension qui fut apportée au second
chef par les Coutumes de Paris et d'Orléans.

Ces deux Contumes ajoutèrent à la rigueur de l'édit
en appliquant aux biens, que la veuve remariée tenait
de sa première union, une prohibition de disposer,
sinon semblable, du moins analogue à celle que le
second chef de l'édit avait portée relativement aux biens
reçus d'un premier conjoint par l'époux qui convolait.
La femme ne tenait pas, il est vrai, de son premier
mari, les biens qui lui provenaient de la communauté;
mais, comme élle était redevable de ces biens à l'industrie, aux soins et à la collaboration de ce dernier,
les Coutumes de Paris et d'Orléans ne jugèrent pas à
propos de laisser à cette femme remariée la même
liberté qu'elle avait par rapport à ses autres biens.

L'art. 279 de la Coutume de Paris disait :

« Quant aux acquêts faits avec ses précédents maris,
« femme convolant en secondes ou autres noces,
« ayant enfants, n'en peut disposer aucunement au
« préjudice des portions dont les enfants desdits pre-
« miers mariages pourraient amender de leur mère, et
« néanmoins succèdent les enfants des subséquents
« mariages auxdits conquêts avec les enfants des ma-

« riages·précédents. » La rédaction de cet article était très-défectueuse ; elle semblait établir, au profit des enfants des différents lits, une nouvelle substitution légale pour les conquêts ; mais, en réalité, elle n'allait pas si loin.

La Coutume d'Orléans ne différait en rien de celle de Paris ; seulement, elle était beaucoup plus claire. L'article 203 portait : « Quant aux conquêts faits avec ses « premiers maris, elle ne peut aucunement avan- « tager son second ou autre maris : toutefois, peut « disposer d'iceux à autres personnes, sans que telle « disposition puisse préjudicier aux portions dont les « enfants desdits premiers mariages pourraient amen- « der de leur mère. »

Ainsi, d'après les dispositions de ces deux Coutumes, la femme remariée ne pouvait aucunement disposer de ses conquêts au profit de son nouveau mari, et il ne lui était permis d'en disposer au profit d'autres personnes que déduction faite de la part des enfants du premier mariage. La première de ces deux incapacités est introuvable dans l'art. 279 de la Coutume de Paris, mais elle est formellement exprimée dans l'art. 203 de celle d'Orléans.

Par le mot *conquêts*, les deux Coutumes entendaient parler aussi bien des meubles que des immeubles. Elles n'étaient, en effet, que l'extension de l'édit des *secondes noces* qui s'appliquait certainement à ces deux sortes de biens : or, rien n'autorise à penser qu'elles aient voulu déroger à ce qui existait sous l'empire de cet édit. Du reste, lorsque ces Coutumes voulaient désigner les immeubles de la communauté, elles employaient l'expression de *conquêts-immeubles*. Cependant, nous devons dire que cette question fit difficulté et qu'elle ne fut définitivement tranchée que le 4 mars 1697, par un arrêt rendu sur les conclusions de M. l'avocat général d'Aguesseau (41e plaid., t. IV, p. 33).

On décidait de même que les biens apportés par la femme à la communauté et tombés dans son lot par le partage étaient compris dans les termes : *conquêts faits avec ses précédents maris*, des art. 279 et 203. Si ces biens n'étaient pas des conquêts faits avec un précédent mari, du moins ils avaient été destinés, dès le principe, par les époux, aux enfants du premier mariage.

Lorsque la femme, après la mort de son mari, ne faisait pas inventaire, il y avait lieu à la continuation de la communauté avec les enfants mineurs du premier lit, mais ces derniers n'étaient pas fondés à prétendre, lorsque leur mère se remariait, que les biens meubles ou immeubles acquis par elle durant cette continuation de la communauté étaient compris dans l'extension apportée par les deux Coutumes dont nous nous occupons à l'édit des secondes noces.

Les effets de la défense faite à la femme qui se remariait de disposer des conquêts de son premier mariage variaient suivant que cette dernière disposait au profit de son nouvel époux ou en faveur de toute autre personne.

Lorsqu'il s'agissait d'une donation de conquêts faite par la femme à son nouveau mari, la libéralité n'était pas nulle seulement dans l'intérêt des enfants du premier lit, mais encore dans l'intérêt de ceux du second. Toutefois, ce point resta problématique jusqu'à ce que la Coutume d'Orléans, rédigée trois ans après celle de Paris, fût venue servir de commentaire à cette dernière et jeter la lumière sur ses dispositions trop obscures. Si donc lors du décès de la femme il ne se trouvait aucun enfant d'un précédent mariage, la donation était pleinement valable. Mais s'il en restait un seul, cette survie suffisait pour frapper de nullité les avantages quelconques faits au nouvel époux, et tous les enfants du premier et du second lit pouvaient s'en prévaloir.

Lorsqu'il s'agissait d'une donation de conquêts faite par la femme à toute autre personne qu'à son nouveau mari, les choses ne se passaient pas comme ci-dessus. Cette donation n'était nulle que pour la part que les enfants du premier lit auraient pu réclamer sur les conquêts dans la succession de leur mère ; quant aux enfants du second lit, ils n'avaient aucun droit pour la faire infirmer.

Pendant longtemps on pensa que, conformément à l'édit des secondes noces, la défense que faisait à la femme qui se remariait l'art. 279 de la Coutume de Paris, de disposer des conquêts de la première communauté, ne comprenait pas seulement les donations, mais généralement toutes les aliénations à titre gratuit et même à titre onéreux. Ce ne fut que plus tard qu'on restreignit la prohibition aux aliénations gratuites.

Pothier pense que lorsque la femme remariée avait aliéné quelqu'un des conquêts de son premier mariage, il n'était pas nécessaire que les enfants dudit premier mariage fussent héritiers de leur mère pour revendiquer contre l'acquéreur les portions qui devaient leur

revenir. Nous avons déjà donné une solution contraire,
et nous persistons dans notre opinion pour les motifs
que nous avons fait valoir.

Les dispositions des Coutumes de Paris et d'Orléans
ne parlaient que de veuves remariées. Aussi ce fut une
question que celle de savoir si elles étaient applicables aux hommes dans le même cas ; on décida qu'il
fallait les étendre à ces derniers, puisqu'elles ne faisaient aucune distinction.

Enfin, pour terminer, il nous reste à faire remarquer
une différence de la plus grande importance entre l'édit
des secondes noces et les Coutumes dont nous venons
de parler. Comme les dispositions de ces Coutumes
n'étaient pas contenues dans l'édit, elles n'avaient,
contrairement à ce dernier, qu'un effet purement local,
et elles n'étaient pas applicables aux pays non soumis
à leur empire.

Après l'édit des secondes noces et les art. 279 et 203
des Coutumes de Paris et d'Orléans, la première disposition contre les seconds mariages fut l'art. 18 de l'ordonnance de Blois, qui était conçu en ces termes :

« D'autant que plusieurs femmes veuves, même ayant
« enfants d'autres mariages, se remarient follement à
« des personnes indignes de leur qualité, et, qui pis
« est, les aucunes à leurs valets, nous avons déclaré
« et déclarons tous dons et avantages qui, par lesdites
« veuves ayant enfants de leurs premiers mariages,
« seront faits à telles personnes, sous couleur de dona-
« tion, vendition, association à leur communauté ou
« autre quelconque, nuls et de nul effet ; et icelles fem-
« mes, lors de la convention de tels mariages, avons mis

« et mettons en l'interdiction de leurs biens ; leur dé-
« fendons les vendre ou autrement aliéner en quelque
« sorte que ce soit ; et à toutes personnes d'en acheter
« ou faire avec elles autres contrats par lesquels leurs
« biens puissent être diminués ; déclarons lesdits con-
« trats nuls et de nul effet. »

Cette ordonnance, due à Henri III, établissait donc
une nouvelle peine contre les veuves qui, ayant des
enfants, se remariaient follement à des personnes indignes de leur qualité. Elle ne restreignait pas seulement
la liberté de donner, mais elle déclarait nuls et de nul
effet tous dons et avantages qui, par lesdites veuves,
étaient faits à de telles personnes.

La disposition de cette ordonnance, spéciale aux
veuves, ne devait pas être applicable aux hommes veufs
qui, ayant des enfants, se remariaient à des femmes indignes de leur condition. Elle était, en effet, fondée sur
des raisons particulières à la femme qui ne s'appliquaient
pas à l'homme.

## § III. — *Droit intermédiaire.*

Le droit intermédiaire apporta aussi en cette matière
les modifications les plus profondes à l'état de choses
existant. D'après les articles 13 et 14 de la loi du 17 ni-
vose an II, les avantages stipulés entre époux, par contrat de mariage ou pendant le mariage, furent permis
d'une manière générale. Les conjoints purent se donner,
soit en jouissance, soit en pleine propriété, tous leurs
biens, meubles ou immeubles, propres ou acquêts, sans
distinction. Les donations faites entre époux pendant

le mariage furent révocables au gré du donateur, comme les donations entre-vifs.

La quotité disponible comprenait la totalité des biens des époux lorsqu'ils ne laissaient que des ascendants ou des collatéraux ; mais lorsqu'il existait des enfants, les avantages faits par un conjoint à l'autre ne pouvaient dépasser la moitié de l'usufruit des biens laissés par le donateur. Cette quotité disponible entre époux , au cas d'enfants , pouvait être cumulée avec la quotité disponible ordinaire. Après avoir donné à son époux l'usufruit de la moitié , on pouvait faire en outre au profit d'étrangers les libéralités permises par le droit commun (L. 18 pluv. an V, art. 6).

Les seconds mariages ne pouvaient être vus avec défaveur et entravés par une législation qui admettait le divorce et qui , implicitement il est vrai, abrogeait l'édit des secondes noces; le disponible était toujours le même; quel que fût le mariage dont les enfants étaient issus , ils étaient tous mis sur la même ligne.

# CODE NAPOLÉON.

## CHAPITRE I<sup>er</sup>.

La quotité disponible entre époux est fixée par les articles 1094 et 1098 du Code Napoléon.

Art. 1094. — « L'époux pourra, soit par contrat de
« mariage, soit pendant le mariage, pour le cas où il ne
« laisserait point d'enfants ni descendants, disposer en
« faveur de l'autre époux, en propriété, de tout ce dont
« il pourrait disposer en faveur d'un étranger, et, en
« outre, de l'usufruit de la totalité de la portion dont
« la loi prohibe la disposition au préjudice des héri-
« tiers. Et pour le cas où l'époux donateur laisserait des
« enfants ou descendants, il pourra donner à l'autre
« époux, ou un quart en propriété, ou un quart en usu-
« fruit, ou la moitié de tous ses biens en usufruit seu-
« lement. »

Art. 1098. — « L'homme ou la femme qui, ayant des
« enfants d'un autre lit, contractera un second ou
« subséquent mariage, ne pourra donner à son nouvel
« époux qu'une part d'enfant légitime le moins pre-
« nant, et sans que, dans aucun cas, ces donations
« puissent excéder le quart des biens. »

6

Ainsi, d'après ces deux articles , il faut distinguer le cas où l'époux donateur ne laisse en mourant aucun enfant d'un précédent mariage, et celui au contraire où il y a des enfants d'un mariage antérieur. Nous allons donc , dans les deux sections suivantes , envisager le disponible entre époux sous ce double aspect.

## SECTION I.

### DE LA QUOTITÉ DISPONIBLE ENTRE ÉPOUX LORSQU'IL N'Y A PAS D'ENFANT D'UN PRÉCÉDENT MARIAGE.

Lorsqu'il n'y a pas d'enfant d'un précédent mariage, il n'y a pas de distinction à faire entre les dispositions renfermées dans le contrat de mariage et celles que les époux se font pendant le mariage; le disponible est toujours le même. Cependant il y a une exception. L'époux mineur peut , par contrat de mariage , donner à son conjoint tout ce qu'il pourrait donner, s'il était majeur, pourvu qu'il soit assisté des personnes dont le consentement lui est nécessaire pour la validité de son mariage, tandis que pendant le mariage il ne peut disposer, en faveur de ce même conjoint , que de la moitié de ce dont il pourrait disposer s'il était majeur.

La quotité disponible entre deux époux varie suivant la qualité des héritiers que laisse l'époux donateur. Ou bien le disposant ne laisse ni descendants ni ascendants; ou bien il n'a que des ascendants ; ou bien il laisse des enfants ou descendants. Trois hypothèses sont donc à considérer :

I. Dans la première , c'est-à-dire lorsqu'il n'y a ni ascendants ni enfants, mais seulement des collatéraux, l'époux donateur peut disposer en faveur de son conjoint de tout ce dont il pourrait disposer en faveur d'un étranger.

Une critique peut, à cette occasion, être adressée à la loi, et on peut reprocher à notre législateur de n'avoir pas été, en ceci, tout à fait juste. S'il convient de permettre à un époux d'assurer, autant que possible, à son conjoint survivant, la continuation, dans son veuvage, des mêmes habitudes d'existence qu'ils ont eues ensemble dans leur union, et de ne pas le laisser surtout dans la dépendance de ses enfants, il est nécessaire aussi de prémunir l'affection conjugale contre ses propres entraînements, et de ne pas permettre à un époux de dépouiller les membres de sa famille, ses légitimes héritiers, au profit de son conjoint, par des libéralités exagérées.

II. Lorsque l'époux donateur ne laisse que des ascendants, il peut donner à un étranger la moitié ou les trois quarts de sa fortune, suivant qu'il existe des ascendants dans les deux lignes paternelle et maternelle ou dans une seule. Mais, dans ce cas, le disponible est plus étendu lorsqu'il s'agit d'une libéralité faite entre conjoints, le donateur peut alors disposer, en propriété, de tout ce dont il lui est permis de disposer en faveur d'un étranger, et en outre, de l'usufruit de la totalité de la portion dont la loi prohibe la disposition au préjudice des héritiers, c'est-à-dire des ascendants : c'est ce que décide la première partie de l'art. 1094 du Code Napoléon.

De nombreux auteurs critiquent cette fixation du disponible entre époux lorsqu'il n'y a que des ascendants. Ils trouvent qu'il est véritablement dérisoire de réduire la réserve des ascendants à la nue-propriété de biens dont on attribue l'usufruit à un époux moins âgé qu'eux. Il est évident, en effet, qu'ils ne jouiront jamais de cette réserve. Il eût été plus sage, puisqu'on voulait favoriser l'époux survivant, d'assurer aux ascendants l'usufruit des biens réservés, et de permettre d'en donner au conjoint la nue-propriété seulement.

Cette rigueur contre les ascendants n'échappa point au législateur, et, lors de la confection du Code, la remarque en fut faite. Mais le tribun Jaubert, pour justifier le système de la loi, répondit que les ascendants n'étaient appelés à la succession de leurs descendants que par l'interversion des lois de la nature, et que, du reste, la faveur du mariage réclamait une telle solution.

Malgré l'autorité qui s'attache aux paroles de Jaubert, nous pensons, comme MM. Malleville, Toullier et autres, que la loi est beaucoup trop sévère pour les ascendants, et que s'il est conforme aux règles de l'équité que le bien-être de l'époux survivant ne soit pas restreint, ce n'est pas une raison pour qu'il s'en trouve augmenté et pour accorder à ce dernier, outre le don de propriété qui lui est fait, un usufruit sur les biens attribués aux ascendants.

Quoi qu'il en soit, le disponible entre époux, en présence d'ascendants, comprend le disponible ordinaire, plus l'usufruit de la part de ses ascendants réservataires. Mais, pour que l'époux donataire puisse réclamer cet usufruit, est-il nécessaire que le donateur s'en soit formellement expliqué ? La volonté de ce dernier ne peut-elle pas résulter de certaines circonstances? La jurisprudence a varié plusieurs fois sur cette question. La Cour d'Agen, par un premier arrêt (28 nov. 1827), après avoir décidé qu'une femme qui a institué son mari son légataire universel n'a pas entendu comprendre dans cette institution le quart en usufruit de la réserve établie en faveur du père ou de la mère survivant, par l'art. 1094, et que la volonté du donateur doit être exprimée en termes formels, a jugé, par un arrêt postérieur (11 déc. 1827), que l'intention du donateur peut résulter de certaines circonstances. La Cour de cassation a été aussi appelée à se prononcer, et elle a donné la même solution (24 avril 1854) que la Cour d'Agen à cette question qui, aujourd'hui, nous paraît définitivement tranchée. Un large pouvoir d'appréciation est donc laissé aux tribunaux, qui doivent décider, selon les cas, si l'époux donateur a voulu ou non comprendre dans sa disposition l'usufruit de la réserve des ascendants.

La loi distingue les père et mère et les ascendants qui n'ont pas cette qualité ; les premiers, à défaut d'enfants, sont toujours réservataires ; mais il n'en est pas de même des seconds, qui n'ont aucun droit à la réserve lorsqu'il existe des frères et sœurs ou descendants d'eux, puisqu'ils sont exclus de la succession par ces derniers. Dans ce dernier cas, l'époux donateur peut donc disposer en faveur de son conjoint de tout ce qu'il pourrait donner à un étranger, c'est-à-dire de la totalité de sa fortune. Mais c'est une question bien controversée que celle de savoir si, lorsque les frères et sœurs renoncent à la succession, l'ascendant, autre que le père ou la mère, reprend ses droits à la réserve ?

Quant à nous, nous adoptons l'affirmative. Dans ce cas, en effet, les frères et sœurs ayant renoncé à la succession sont réputés n'avoir jamais été héritiers, et, par conséquent, les ascendants autres que père et mère sont censés avoir été saisis depuis le moment de l'ouverture de la succession : or, dès qu'ils sont héritiers, ils sont réservataires. S'ils sont réservataires, l'époux donateur ne peut donc pas donner à son conjoint tout ce qu'il pourrait donner à un étranger, il est forcé de ne pas dépasser le disponible fixé par l'article 1094.

L'époux donataire de l'usufruit de la réserve des ascendants doit, comme tout usufruitier, donner caution. Mais le donateur peut-il le dispenser de cette obligation ? Cette question divise depuis longtemps la doctrine et la jurisprudence. M. Demante (t. II, n° 442 *bis*) accorde ce droit à l'époux donateur. La loi, dit-il, ne limite en aucun cas le droit qu'elle accorde à tous ceux qui constituent un usufruit de le concéder avec dispense de caution, et il ne peut être au pouvoir des tribunaux de restreindre cette faculté. Du reste, l'article 1094, en fixant le disponible entre époux, ne s'occupe nullement des droits et obligations du conjoint usufruitier ; il faut donc, pour les déterminer, recourir aux articles relatifs à l'usufruit, et notamment à l'article 601, qui, en imposant à l'usufruitier l'obligation de fournir caution, ajoute : « *s'il n'en a pas été dispensé par le titre constitutif.* » Les Cours impériales de Limoges et de Paris se sont prononcées dans le même sens.

Mais la plupart des auteurs soutiennent, avec raison, l'opinion contraire. Si la loi admet en faveur du disposant le droit de dispenser de la caution, c'est que ce dernier a le droit de disposer de la pleine propriété; le même motif n'existe pas lorsqu'il s'agit de l'usufruit de la réserve des ascendants, puisque dans ce cas l'époux donateur ne peut, ni directement ni indirectement, porter atteinte à la nue-propriété. Décharger l'époux donataire, usufruitier, de l'obligation de donner caution, ce serait porter atteinte à l'intégrité de la réserve; ce serait, de la part du donateur, éluder la loi sur la réserve : par conséquent, excéder ses droits et faire une disposition de nul effet.

III. Lorsque l'époux donateur laisse un ou plusieurs enfants de son mariage, il peut, d'après l'art. 1094 (2e alinéa), donner à son conjoint ou un quart en propriété, ou un quart en usufruit, ou la moitié de tous ses biens en usufruit seulement. Cette quotité disponible semble, au premier abord, renfermer une alternative ridicule. On se demande, en effet, pourquoi le législateur a pris soin, après avoir permis à l'époux qui a un ou plusieurs enfants de donner un quart en propriété et un quart en usufruit, de dire que cet époux peut donner, s'il le préfère, les deux quarts ou la moitié en usufruit seulement? Était-il besoin d'accorder une semblable faculté?

Plusieurs jurisconsultes se sont efforcés de justifier la fixation de ce disponible. Ils ont prétendu que ces mots de la première alternative : *le quart en propriété*, ne doivent s'entendre que du *quart en nue-propriété*, et que le législateur, en permettant de disposer du *quart*

*en propriété et du quart en usufruit*, n'a entendu accorder
que la faculté de donner un quart en pleine propriété.
Le système qui donne ce sens restrictif au mot *propriété*,
soutenu devant la Cour de Bruxelles (21 juillet 1816),
a été repoussé par elle, et M. Troplong (t. V, n° 2567)
qualifie d'absurde la prétention qui a été rejetée par
cette Cour. Il est certain, dit-il, que, dans le premier
alinéa de l'art. 1094, le mot *propriété* doit s'entendre
de la pleine propriété : or, cette expression ne peut
avoir, dans le même article, deux sens différents.

Pour nous, nous ne trouvons rien de contradictoire
dans cette alternative offerte par la loi à l'époux. La loi
a voulu, non pas permettre de disposer de la moitié des
biens en usufruit, car cela n'était pas nécessaire, mais
défendre de donner plus de la moitié en usufruit. Aussi,
comme M. Troplong, nous considérons comme absurde
le système que l'on a cherché à faire triompher devant
la cour de Bruxelles.

L'époux donateur peut donc, lorsqu'il a un ou plusieurs enfants, donner à son conjoint un quart en propriété et un quart en usufruit, ou la moitié en usufruit
seulement, puisque telle est la disposition de l'art. 1094.
Il faut remarquer que le disponible fixé par cet article
est invariable, à la différence du disponible ordinaire
fixé par l'art. 913 qui varie suivant le nombre des
enfants. Mais l'époux donateur, qui n'a qu'un enfant
de son mariage, peut-il donner à son conjoint la
moitié en pleine propriété de ses biens, c'est-à-dire
tout ce qu'il pourrait donner à un étranger ? Peut-il
choisir entre le disponible fixé par l'art. 1094 et celui
qui est déterminé par l'art. 913 ? Avant d'examiner les

controverses auxquelles cette question a donné naissance, nous devons dire que, suivant nous, l'art. 1094
présente une règle toujours obligatoire pour le conjoint
donataire. Ce n'est point une disposition purement supplémentaire qu'il puisse répudier ou suivre selon son
gré. En d'autres termes, la règle tracée par notre article n'est pas seulement distincte, elle est essentiellement différente de celle édictée par l'art. 913 ; cette
règle est fixe et invariable de sa nature, et il ne s'agit
point ici d'une simple alternative offerte au choix de
l'époux donateur, d'un bénéfice qu'il est libre d'abandonner pour rester dans le droit commun. Cette opinion
a été soutenue par presque tous les commentateurs du
Code (MM. Grenier, Rolland de Villargues, Duranton,
Vazeille, Demolombe, Bonnet), et, si en décidant que
l'époux ne peut pas choisir entre l'une ou l'autre de ces
deux quotités, nous payons notre tribut à l'erreur,
nous aurons au moins la consolation de le faire en
bonne compagnie.

Pendant les quarante premières années qui suivirent
la promulgation du Code, cette question n'avait pas soulevé de controverse ; les auteurs et la jurisprudence
étaient unanimes pour décider que l'époux donateur
devait se conformer à l'art. 1094. Ce ne fut qu'en
1841 que M. Benech essaya de soutenir que cet article
1094 n'est, en aucun cas, restrictif de la quotité disponible ordinaire fixée par l'art. 913.

Pour soutenir sa doctrine, ce savant professeur de la
Faculté de droit de Toulouse a présenté de nombreux
arguments déduits de la raison, des textes et de l'intention du législateur.

La raison, dit-il, milite en faveur de mon opinion. En effet, le législateur a dû voir, dans la personne de l'époux donataire, une cause de faveur ou une cause de défiance, et, par conséquent, adopter le système extensif ou le système restrictif; mais il ne peut avoir adopté l'un et l'autre. L'époux qui, en l'absence de tous réservataires, peut recevoir autant qu'un étranger, qui, en présence d'ascendants, peut, de plus qu'un étranger, recevoir l'usufruit de la réserve de ceux-ci, qui, en présence de trois ou même de deux enfants, peut encore recevoir plus qu'un étranger, pourrait, alors qu'il n'y a qu'un seul enfant, se contenter d'une part inférieure à celle d'un étranger : cela est impossible. Comment croire que le législateur, si favorable aux donations entre époux et qui leur accorde toujours plus de latitude qu'aux donations entre étrangers, ait entendu les restreindre seulement pour le cas où l'époux donateur ne laisse qu'un enfant?

Et, du reste, continue M. Benech, rien dans les termes de la loi ne paraît justifier le sens restrictif qu'on voudrait donner à l'art. 1094. Quand la loi restreint la quotité disponible pour l'enfant naturel, pour les étrangers; ou pour un second conjoint, alors elle prend soin d'employer les expressions prohibitives : « Les enfants naturels *ne pourront* recevoir..., etc. (art. 908) ; les libéralités *ne pourront* excéder..., etc. (art. 913-915); l'homme ou la femme..... *ne pourra* donner... etc. (art. 1098). » Au contraire, dans l'art. 1094, comme elle ne songe nullement à restreindre le disponible, mais qu'elle l'étend même pour certaines situations, elle dit deux fois : « L'époux *pourra*... disposer (1er alinéa), il *pourra* donner (2e alinéa) » ; or, si elle eût voulu res-treindre le disponible, c'était bien le cas d'employer les expressions prohibitives, puisqu'elle venait déjà déten-dre le disponible au détriment des ascendants.

Enfin, dit en terminant M. Benech, les travaux pré-paratoires nous montrent, d'une façon évidente, que le législateur a voulu admettre le système extensif. D'après le projet primitif (art. 16), le disponible ordinaire était fort restreint ; il comprenait : le quart des biens, si le disposant laissait des descendants, des frères ou sœurs ; les trois quarts, s'il laissait des oncles, grands-oncles ou cousins-germains ; la totalité, à défaut des parents ci-dessus cités (Fenet, t. I, p. 370), art. 16). C'est alors que fut rédigé l'art. 151 du projet Jacqueminot, qui n'est autre chose que notre art. 1094 ; il avait pour but d'étendre, en faveur de l'époux, le disponible ordi-naire, et il l'augmentait dans tous les cas. L'art. 16, il est vrai, a été changé, et la quotité disponible, d'inva-riable qu'elle était, est devenue variable en raison du nombre des enfants. Mais l'art. 151 est resté le même, et dès lors il a été maintenu dans le même esprit qui l'avait inspiré d'abord, c'est-à-dire dans un esprit de faveur pour l'époux.

Tels sont les principaux arguments invoqués par M. Benech à l'appui de son opinion ; nous n'en mécon-naissons pas la gravité, mais cependant nous n'hésitons pas à adopter le système contraire, et, comme nous l'avons déjà dit, nous pensons que l'on ne doit pas per-mettre à l'époux qui a un enfant de son mariage de donner à son conjoint tout ce qu'il peut donner à un étranger.

Et, tout d'abord, nous disons que c'est avec raison que le législateur a voulu fixer dans l'art. 1094 un disponible invariable en faveur des époux, et si cet article ne se trouvait pas dans notre Code, si la loi n'avait pas encore réglé le disponible entre époux, et si une loi était à faire pour régler ce point de droit, nous implorerions le législateur, et nous lui demanderions de ne pas permettre à un époux qui a un enfant de son mariage de choisir entre le disponible ordinaire et le disponible spécial de l'art. 1094. S'il convient, en effet, d'autoriser les libéralités dans une assez grande mesure pour permettre aux époux de récompenser leur affection et leur dévouement mutuels, on doit aussi songer aux entraînements auxquels les conjoints sont spécialement exposés. S'il est juste d'accorder à un époux le droit d'assurer pour toujours à son conjoint une existence semblable à celle qu'il a partagée pendant le mariage, il faut aussi cependant renfermer dans de justes limites la faveur de la loi pour les libéralités entre époux, car les dons considérables sont beaucoup plus à craindre entre époux qu'entre étrangers.

Les adversaires du système que nous soutenons prétendent que l'art. 1094 ne pose aucune limite, puisque sa formule n'a rien de prohibitif. Cet article, disent-ils, en nous disant que l'époux *pourra* donner, indique clairement qu'il ne s'agit pour lui que d'une simple faculté particulière à laquelle il lui est loisible de renoncer lorsque le droit commun lui est plus avantageux.

Nous ne considérons pas certainement cet argument comme bien sérieux. L'art. 1094 n'est pas, il est vrai,

rédigé dans les mêmes termes que les articles 913 et
1098 ; il ne dit pas que l'époux *ne pourra* disposer que
de la portion qu'il détermine, il dit seulement que
l'époux *pourra* disposer. Mais il nous semble que cette
formule est, en réalité, aussi prohibitive que l'autre ;
lorsque la loi permet de disposer jusqu'à concurrence
d'un certain chiffre, il est évident qu'elle est prohibitive pour tout ce qui excède ce chiffre : autrement, les
limites qu'elle apporte au droit de disposer n'auraient
plus de sens.

Si nous considérons les travaux préparatoires, nous
voyons que le législateur a évidemment voulu admettre
le système restrictif. Lors de la communication offi-
cieuse de l'art. 151 du projet à la section de législation du Tribunat, celle-ci fit l'observation suivante :
« Dans le cas où il y aurait des enfants, la Section pense
« qu'il *serait* juste de permettre à un époux de donner
« à l'autre tout ce dont il pourrait disposer en pro-
« priété, c'est-à-dire autant qu'il pourrait donner à un
« étranger, ou la moitié de ses biens en usufruit »
(Fenet, t. XII, p. 467). Cette observation n'a pas été
admise par le Conseil d'Etat qui a conservé l'art. 151
(art. 1094), tel qu'il était auparavant. Il faut donc conclure de là que l'on n'a pas voulu établir en faveur des
époux un disponible aussi élevé qu'en faveur des
étrangers.

Nous en trouvons une nouvelle preuve dans la bou-
che même des organes de la loi. Quand, après le maintien définitif de notre disposition, le projet fut officiel-
lement communiqué au Tribunat, nous entendons le
rapporteur Jaubert s'exprimer ainsi : « S'il reste des

« enfants, l'époux survivant ne peut avoir qu'un quart
« en propriété et un quart en usufruit, ou la moitié de
« tous les biens en usufruit seulement ; et, si la libé-
« ralité excédait ces bornes, elle devrait être réduite
« proportionnellement. » (Fenet. t. XII, p. 621.)

M. Bigot-Préameneu, dans l'exposé des motifs devant
le Corps législatif, s'exprime dans des termes absolument identiques.

Nous pouvons donc dire, en terminant l'exposé de
cette importante question, que l'opinion de M. Benech
n'est pas fondée, et que dès lors il n'y a pas lieu de
s'étonner si elle a rencontré une si grande résistance
dans la doctrine et la jurisprudence qui jusqu'à présent
est restée inébranlable.

D'après l'art. 1094, l'époux donateur, ayant des ascendants, peut donc disposer, en faveur de son conjoint, en propriété, de tout ce dont il pourrait disposer
en faveur d'un étranger, et en outre, de l'usufruit de la
totalité de la portion dont la loi prohibe la disposition ;
et, pour le cas où il laisse des enfants ou descendants,
le disponible entre époux est du quart en propriété et
du quart en usufruit, ou de la moitié de tous ses biens
en usufruit seulement. Mais il peut arriver que cet
époux donateur, oublieux de la disposition de notre
art. 1094, ait donné à son conjoint une partie de ses
biens plus forte que la quotité disponible fixée par cet
article. Supposons, par exemple, qu'ayant des enfants,
il ait disposé au profit de son époux de l'usufruit des
trois quarts ou même de la totalité de ses biens. Les
enfants sont-ils tenus, en vertu de l'art. 917, d'exécuter
cette disposition ou de faire l'abandon du quart en pro-

priété et du quart en usufruit? Ou, au contraire, peu-
vent-ils demander purement et simplement la réduction de la disposition à la moitié des biens en usufruit
seulement, sans être tenus de faire aucun abandon de
propriété?

Nous pensons que l'époux à qui son conjoint a donné
en usufruit une fraction de ses biens excédant la
moitié fixée par l'art. 1094, ne saurait contraindre
ses enfants à lui laisser la libéralité tout entière, si
mieux ils n'aiment lui abandonner un quart en pleine
propriété ou un quart en usufruit, et qu'il est tenu de
subir le retranchement et de se contenter d'une moitié
en usufruit. Il est évident qu'un don d'usufruit, si considérable qu'il soit, n'équivaut jamais exactement à un
don de propriété, et que celui qui n'a fait qu'un avantage viager a montré manifestement qu'il entendait que
le fonds de sa fortune ne demeurât pas exposé à passer
en des mains étrangères. La justice peut bien apprécier
la validité des actes, mais il n'appartient pas aux magistrats de dénaturer une donation en la transformant
sous un prétexte quelconque, et de remplacer un acte
excessif par un acte légal d'un autre genre.

Qu'on ne vienne pas nous dire qu'il serait singulier
de refuser à un époux, c'est-à-dire à la personne la
plus favorable, à celle dont les réservataires sont héritiers et dans la succession de laquelle se pourront re-
trouver les biens donnés, un avantage accordé aux
étrangers. Nous savons que notre législateur, dans le
règlement de la quotité disponible entre époux, s'est
placé à un point de vue différent de celui sous lequel
il a envisagé la quotité disponible ordinaire; que pour

celle-ci il ne considère que l'intérêt des enfants sans s'occuper de l'étranger donataire, tandis qu'il tient compte, pour l'autre, de la qualité de l'époux gratifié et du lien qui l'unit au disposant. Du reste, l'époux donateur a pu avoir de très-bonnes raisons pour ne pas donner autre chose qu'un usufruit : il a pu redouter une seconde union ; il a pu ne pas vouloir que son fonds servît à doter une autre famille. (Demolombe, *donat.*, t. VI, p. 550 ; Troplong, n° 2570 ; Bonnet, p. 486.)

De même, bien que l'art. 1094 ne mentionne que les dispositions d'*usufruit*, tandis que l'art. 917 mentionne en même temps les dispositions de *rente viagère*, nous sommes d'avis que l'on doit complétement écarter ce dernier article, et qu'il faut appliquer à la disposition en rente viagère ce que l'art. 1094 décide de celle en usufruit, c'est-à-dire que la rente viagère doit être elle-même réduite jusqu'à concurrence de la moitié des revenus des biens. M. Bonnet (t. III, nᵒˢ 1041, 1042), suivant une opinion déjà soutenue par M. Troplong (t. IV, nᵒˢ 2573, 2574), tout en reconnaissant que l'article 917 n'est pas plus applicable aux dispositions de rente viagère qu'aux dispositions d'usufruit entre époux, décide qu'il faut faire une estimation de la rente viagère et la réduire par comparaison à la quotité disponible la plus forte, mais en lui conservant toujours son caractère viager. Nous ne pouvons adopter un semblable système qui aurait l'inconvénient de jeter dans les expertises et les évaluations les plus difficiles, et que le législateur prend toujours tant de soin d'éviter.

Lorsque l'époux donateur a fixé d'une façon expresse et formelle le montant de la libéralité faite par lui en faveur de son conjoint, il ne peut y avoir aucune difficulté, on doit se conformer à son intention ainsi exprimée, pourvu que la réserve ne soit pas entamée. Il ne peut pas non plus y avoir de difficulté pour le cas où un époux a déclaré donner à son conjoint *tout son disponible*; il est certain que, dans ce cas, le donataire peut réclamer la quotité disponible la plus forte. Il faut décider de même pour le cas où la disposition est *universelle*.

Mais lorsque le disposant a donné en ces termes : « *un quart en propriété et un quart en usufruit, ou une moitié en usufruit seulement* », à qui appartient le choix entre l'une ou l'autre quotité disponible ? Lorsqu'il est impossible de découvrir quelle a été sur ce point l'intention de l'époux donateur, c'est, selon nous, aux héritiers, c'est-à-dire aux ascendants ou aux enfants, selon les cas, qu'il convient d'accorder le droit d'option, par application des art. 1022 et 1190, d'après lesquels le choix appartient toujours au débiteur, quand il n'a pas été expressément accordé au créancier.

## SECTION II.

### DE LA QUOTITÉ DISPONIBLE ENTRE ÉPOUX QUAND LE DONATEUR A DES ENFANTS D'UN PREMIER MARIAGE.

C'est l'art. 1098 C. N. qui fixe le disponible entre époux lorsqu'il existe des enfants d'un précédent mariage. Cet article est ainsi conçu :

« L'homme ou la femme qui, ayant des enfants d'un « autre lit, contractera un second ou subséquent ma- « riage, ne pourra donner à son nouvel époux qu'une

7

« part d'enfant légitime le moins prenant, et sans que,
« dans aucun cas, ces donations puissent excéder, le
« quart des biens. »

Tous les législateurs se sont occupés du sort des enfants pour le cas où leur père ou leur mère contracte
une nouvelle union après la mort de leur premier conjoint. C'est la loi romaine qui, la première, a fixé le taux
que ne pouvaient dépasser les libéralités faites par un
époux à son conjoint. Nous avons vu, en effet, la constitution *Feminæ quæ* obliger la femme veuve ayant des
enfants et qui se remariait à conserver, pour les leur
transmettre, tous les biens à elle donnés par son premier mari, et une autre constitution étendre au mari
veuf qui convolait la disposition qui d'abord ne s'appliquait qu'à la veuve remariée. Puis nous nous sommes
occupés de la constitution *Hac edictali*, qui défendait à
l'époux remarié de donner à son nouveau conjoint une
part plus forte que celle de l'enfant le moins avantagé.

Abandonnant le droit romain et passant en revue
notre ancienne jurisprudence française, nous avons dit
que la législation romaine, relative à la matière qui nous
occupe, était généralement observée dans nos provinces
de droit écrit, et que ce ne fut qu'en l'an 1560 que le
célèbre édit des secondes noces vint introduire dans
nos provinces coutumières les dispositions des trois
constitutions *Feminæ quæ*, *Generaliter* et *Hac edictali*.

Le premier chef de l'édit défendait à l'époux qui se
remariait de donner à son nouvel époux au-delà d'une
part d'enfant; le second voulait que l'époux ne pût
donner, en se remariant, aucune portion des biens
provenant de son premier conjoint. Les rédacteurs du

Code Napoléon avaient conservé, dans le projet, les deux parties de l'édit, ils avaient même ajouté à sa sévérité en restreignant le pouvoir de l'époux à la disposition d'un usufruit. Mais le dernier alinéa, qui semblait reproduire le second chef de l'édit, a été supprimé, parce qu'il était contraire aux principes de notre droit qui ne s'attache plus à l'origine des biens pour en régler la dévolution, et parce qu'il eût formé une anomalie dans notre Code qui prohibe les substitutions.

Le conjoint donataire n'est donc plus tenu, en cas de convol, de conserver aux enfants du premier lit les libéralités qui lui viennent de son premier mari. Seulement, d'après notre art. 1098, ce conjoint ne peut donner à son nouvel époux qu'une part d'enfant légitime le moins prenant, et sans que, dans aucun cas, ces donations puissent excéder le quart des biens.

Nous avons à rechercher : 1° à quelles personnes s'applique la disposition de l'art. 1098 ; 2° quelles dispositions sont sujettes à cet article ; 3° quelle est la mesure du disponible, et comment s'en fait le calcul.

§ I. — *Des personnes auxquelles s'applique la prohibition de l'art. 1098.*

L'art. 1098 s'applique *à l'homme ou à la femme.* — La disposition de l'édit des secondes noces ayant été suggérée au chancelier l'Hôpital par le scandale causé par une femme d'une grande famille, Anne d'Aligre, qui, mère de sept enfants issus d'un premier mariage, avait donné tous ses biens à son second conjoint, Georges de Clermont, qui ne l'avait recherchée que pour sa fortune; cet édit ne parlait que des femmes. Mais notre article est beaucoup plus clair, il dit d'une façon formelle que la prohibition qu'il contient s'applique à l'homme aussi bien qu'à la femme.......... *ayant des enfants*. Il faut donc qu'il y ait des enfants; s'il n'en existait pas, la prohibition n'aurait plus raison d'être, puisque c'est en leur faveur que la loi défend à leur père ou mère qui convole de faire au profit de son second conjoint des libéralités dépassant une certaine quantité. Lors donc que tous les enfants ont payé leur tribut à la nature avant le donateur, ce dernier, qui convole, demeure affranchi de toutes entraves, et il peut donner à son nouveau conjoint tout ce qu'il lui est permis de donner à un étranger.

Il importe peu qu'il reste un ou plusieurs enfants. Il est évident que c'est précisément en vue du cas où l'époux donateur n'a qu'un enfant de son premier mariage qu'il est plus nécessaire de fixer au quart des biens du disposant le taux de la libéralité entre époux, puisque c'est alors que le disponible ordinaire étant le plus élevé, les donations exagérées sont le plus à craindre.

L'article 1098 ne parle que des enfants; mais par ces expressions « ayant des enfants », il faut entendre certainement aussi les petits-enfants nés d'enfants d'un précédent mariage. L'édit des secondes noces disait formellement « *ayant enfants ou enfants de leurs enfants* », et rien ne nous autorise à penser que notre législateur ait entendu innover sur ce point. Il y a donc encore lieu à l'application de l'article que nous examinons, lorsque les enfants du donateur étant morts avant lui, il lui reste un ou plusieurs petits-enfants. Cependant, à la diffé-

rence de ce qui se pratiquait dans l'ancien droit (Pothier, n° 565), ces petits-enfants ne comptent que pour
une tête dans le calcul du disponible.

De même, en vertu de la maxime : *puer pro jam noto
habetur quoties de commodo ejus agitur*, il faut décider que
la prohibition doit s'appliquer à l'ascendant donateur
qui, à l'époque de son second mariage, a un petit-enfant non encore né mais déjà conçu.

La restriction apportée par l'article 1098 au disponible ordinaire entre époux suppose que le veuf ou la
veuve qui a contracté un second ou subséquent mariage,
laisse à son décès des enfants ou descendants d'une
précédente union légitime. Mais n'y a-t-il que les enfants
légitimes qui soient protégés par cette restriction? Il est
certain, tout d'abord, que l'article 1098 entend parler
aussi des enfants dont le vice de la naissance a été
effacé par la légitimation. Mais il est sans aucun doute
aussi que la faveur qui a dicté cet article ne peut pas
être étendue aux fruits du libertinage et de la débauche.
Quant à l'enfant adoptif, on n'est pas d'accord sur le
point de savoir si son existence donne lieu à l'application de l'art. 1098. D'éminents jurisconsultes enseignent la négative. Il est vrai, disent-ils, que l'art. 350
donne à l'adopté, sur la succession de l'adoptant, les
mêmes droits qu'à un enfant né en mariage, et que, par
conséquent, les droits de succession, et notamment le
droit de réserve, attachés à la seule qualité d'enfant
légitime appartiennent au premier comme au second ;
mais il n'en est pas de même de la réserve exceptionnelle établie par la loi uniquement en faveur des enfants
nés d'un mariage précédent. Le droit de demander l'ap-

plication de l'art. 1098, ajoutent-ils, ne peuvent exister qu'à la condition qu'il y ait eu un mariage antérieur, et qu'il reste des enfants issus de ce mariage. Cependant, malgré les motifs ci-dessus, nous pensons que l'enfant adoptif doit être protégé par la restriction de l'article dont nous nous occupons.

### § II. — *Des dispositions sujettes à l'article* 1098.

Le législateur, tout en défendant, dans l'article 1098 à l'homme ou à la femme qui se remarie, ayant des enfants d'un précédent mariage, de donner à son nouveau conjoint une part plus forte que celle de l'enfant le moins prenant, sans qu'elle puisse dépasser le quart, devait aussi empêcher l'époux d'éluder la loi. Aussi, toutes les dispositions qui renferment un avantage au profit du nouvel époux sont-elles rigoureusement soumises à la réduction.

Ainsi, nous devons déclarer réductible à une part d'enfant le moins prenant la donation faite par un époux remarié à son nouveau conjoint par contrat de mariage ou pendant le mariage, ou même avant le contrat de mariage, quand, dans ce dernier cas, les enfants du premier lit parviennent à prouver que la libéralité a été faite en vue du mariage et pour se soustraire frauduleusement à la disposition de la loi. Il en est de même de toutes les autres dispositions qui renferment un avantage au préjudice du nouvel époux ; la prohibition de l'article 1098 s'applique aux libéralités testamentaires comme aux libéralités entre-vifs, aux dons rémunératoires comme aux donations avec charges, lorsque toutefois la nature des services non appréciables à prix d'argent, ou l'excédant de libéralité gratuite sur la charge onéreuse, laisse à ces deux dernières espèces d'actes le caractère de donations.

En examinant les dispositions de l'édit des secondes noces, nous avons déjà dit que les donations mutuelles entre époux étaient soumises à la réduction de l'édit, et que la jurisprudence était unanime sur ce point. Il en est de même aujourd'hui ; les donations, quoique mutuelles, étant des actes de libéralité, tombent sous l'application de l'article 1098.

Quand il s'agit d'une loi prohibitive, il faut fermer toutes les portes par lesquelles elle pourrait être éludée : aussi voyons-nous que non-seulement les donations formelles sont sujettes à réduction, mais encore les avantages qui se trouvent renfermés dans des conventions ordinaires de mariage. C'est ce que décident les articles 1096 et 1527 du Code Napoléon qui se sont appropriés sur ce point la doctrine rigoureuse de notre ancien droit sous l'empire de l'édit de 1560 qui considérait comme de véritables avantages sujets à réduction, tous pactes de mariage ayant pour conséquence la réalisation d'un profit pour le deuxième époux.

D'après l'article 1496, lorsque la communauté est légale et que, par conséquent, les parties ne font que suivre les dispositions du Code sur le régime de leur association, tout avantage de fait qui enrichit l'autre époux au delà de la portion disponible et nécessairement réductible. Ainsi, par exemple, si l'époux qui se remarie a une fortune mobilière considérable, tandis que l'autre n'a rien, la communauté légale, contractée malgré cette inégalité d'apports, renferme un avantage réel qui doit être restreint à la portion disponible.

Mais on se demande si, en cas d'omission à stipuler que le mobilier qui adviendra à chaque époux lui demeurera propre, la moitié des successions mobilières qui appartient, dans ce cas, au nouvel époux forme un avantage passible de l'application de l'article 1098 ? Lebrun et Pothier résolvaient cette question contre les enfants. En effet, disaient-ils, on ne peut pas dire que l'enrichissement qui résulte pour le nouvel époux des successions ou donations mobilières échues pendant le mariage à l'époux remarié soit le fait volontaire de ce dernier, et, par conséquent, il doit échapper à la réduction. Nous ne pouvons pas adopter cette opinion en présence de la disposition de l'article 1496 qui ne s'inquiète pas de savoir si le mobilier est entré dans la communauté lors du mariage et depuis, et de celle de l'article 1527 qui parle de « toute convention qui, dans ses « effets, tendrait à donner au delà..... etc. », ce qui doit s'entendre de tous effets, tant immédiats qu'éloignés, tant prévus qu'imprévus.

Quant aux bénéfices résultant de la collaboration et des économies, quoique inégaux, ils ne doivent jamais être considérés comme des avantages sujets à réduction. L'art. 1527 le décide de la façon la plus formelle. Après avoir dit que, lorsqu'il existe des enfants d'un précédent mariage, toute convention qui tend dans ses effets à donner à l'un des époux au delà de la portion réglée par l'art. 1098 doit être sans effet pour tout l'excédant de cette portion, cet article ajoute : « ... Les « simples bénéfices résultant des travaux communs et

« des économies faites sur les revenus respectifs, quoi-
« que inégaux des deux époux, ne sont pas considérés
« comme un avantage fait au préjudice des enfants du
« premier lit » Ceci se comprend parfaitement, car
que resterait-il à la société conjugale si elle était privée
des bénéfices du travail et de l'économie ? De plus, chaque époux a contribué pour sa part à cet accroisse-
ment : or, n'est-il pas juste que chacun d'eux ait aussi
sa part dans les bénéfices ? Si le mari a beaucoup tra-
vaillé, n'est-il pas vrai de dire que la femme l'a secondé
dans les soins du ménage, dans l'éducation des enfants
et dans l'économie de la maison ?

Ce ne sont pas seulement les avantages résultant de
la communauté légale qui tombent sous le coup de la
prohibition de l'art. 1098, mais encore ceux qui résul-
tent d'une communauté conventionnelle. Prenons, par
exemple, la clause d'ameublissement, et supposons que
l'un des époux ait fait un ameublissement excessif,
c'est-à-dire excédant celui de l'autre époux. N'est-il
pas évident que, dans ce cas, il y a un avantage au
profit du conjoint qui a fait l'ameublissement le moins
considérable ? Or, s'il en est ainsi, pourquoi une telle
libéralité ne serait-elle pas soumise à la disposition de
l'art. 1098 ?

Il en est de même pour le cas où l'un des époux con-
sent à une communauté universelle de laquelle il résulte
une inégalité préjudiciable aux enfants du premier lit.
On doit encore le décider ainsi lorsqu'il promet une
inégalité de parts dans la communauté, ou même dans
le cas de forfait. Dans toutes ces hypothèses, il y a lieu
à réduction, car il faut tenir un compte rigoureux de
tout ce qui peut porter le caractère d'avantages.

§ III. — *Nature de la donation d'une part d'enfant ;*
*fixation de cette part d'enfant.*

L'homme ou la femme qui, ayant des enfants d'un
autre lit, a contracté un second ou subséquent mariage,
ne peut donner à son nouvel époux *qu'une part d'enfant*
*le moins prenant*, sans que, dans aucun cas, cette donation puisse *excéder le quart* des biens (art. 1098).

Ainsi, dans ce cas, le disponible est égal à une part
d'enfant. Mais on se demande si l'époux veuf avec enfants qui contracte plusieurs mariages successifs ne
peut disposer, au profit de tous ses nouveaux époux
collectivement, que d'une part d'enfant? Cette question
a pris naissance dans notre ancien droit, elle était dis-
cutée sous l'empire de l'édit des secondes noces, et
Pothier nous dit « que, lorsqu'une femme ayant des
enfants d'un précédent mariage a passé successivement
à différents mariages et qu'elle a fait des donations à ses
second, troisième et quatrième maris, il n'est pas
nécessaire, pour qu'il y ait lieu à la réduction de l'édit,
que la donation faite à l'un desdits maris, excède la part
de l'enfant le moins prenant, et qu'il suffit que ces donations excèdent ensemble cette part... (Pothier, nº 566) ».

Dans notre droit, cette question est aussi controversée, et elle a donné lieu à trois systèmes. Selon M. Duranton (t. IX, nº 804), l'époux veuf, ayant enfants, peut
donner à ses nouveaux époux ensemble toute la quotité
disponible ordinaire, sous la condition seulement que
chacun d'eux n'aura pas au delà d'une part d'enfant le
moins prenant. M. Demante (t. IV, nº 278) soutient que,
dans le même cas, chacun des nouveaux époux peut,

successivement et individuellement, recevoir une part d'enfant.

Il est inutile de dire que ces deux systèmes doivent être rejetés comme contraires au texte même de notre art. 1098. Nous croyons que les divers conjoints ensemble ne peuvent recevoir qu'une quotité égale à la part de l'enfant le moins prenant et ne dépassant pas le quart des biens. C'est le système de l'ancien droit, et les rédacteurs du Code ont déclaré *maintenir* la disposition de l'édit des secondes noces, sauf la modification restrictive dont nous avons déjà parlé. Du reste, les paroles prononcées par M. Bigot-Préameneu dans l'exposé des motifs, ne peuvent laisser aucun doute sur l'intention véritable du législateur : « On a maintenu, « dit-il, cette sage disposition, que l'on doit encore « moins attribuer à la défaveur des seconds mariages « qu'à l'obligation où sont les pères et mères qui ont « des enfants de ne pas manquer, à leur égard, lors- « qu'ils forment de nouveaux liens, aux devoirs de la « paternité. Il a été réglé que, dans ce cas, les dona- « tions au profit du nouvel époux ne pourront excéder « une part d'enfant légitime, et que, dans aucun cas, « ces donations ne pourront excéder le quart des biens » (Fenet, t. XII, p. 573).

Pothier (n° 595) nous dit qu'il ne faut pas considérer les donations de part d'enfant comme de véritables institutions contractuelles, et que le second mari n'est pas un héritier, mais un donataire. Il en est de même sous l'empire de notre Code ; la donation d'une part d'enfant tient, il est vrai, de l'institution contractuelle, mais elle se rapproche aussi beaucoup de la donation entre-vifs.

Aussi avons-nous le regret de ne pas admettre la doctrine de M. Troplong qui considère comme une véritable
institution contractuelle la donation d'une part d'enfant
et qui, dès lors, décide que l'époux donataire doit acquitter toutes les dettes, à moins qu'il n'ait accepté sous bénéfice d'inventaire. Ce dernier est évidemment un simple
donataire qui, par conséquent, n'est tenu qu'*intrà vires*
et auquel il faut accorder le droit de faire abandon des
biens pour se décharger des dettes.

Ce n'est pas au moment de la donation qu'il faut se
placer pour déterminer la part de l'enfant le moins prenant, mais à l'époque de la mort du donateur ; c'est
alors seulement que le droit du donataire, d'éventuel
qu'il était, devient certain et définitif. Aussi, la libéralité faite par un époux à son conjoint doit-elle être
considérée comme caduque lorsque le donataire vient
à mourir avant le donateur. Cependant, suivant quelques auteurs (Grenier, n° 684), lorsque l'époux donataire
laisse des enfants, ces derniers sont censés substitués
tacitement à leur auteur, et dès lors ils doivent recueillir
l'effet de la disposition. D'autres (Toullier, n° 890), au
contraire, soutiennent, et avec raison, que cette substitution vulgaire ne peut être admise lorsqu'elle n'a
pas été formellement exprimée. et que dès lors le sort de
la donation est intimement lié à la survie de l'époux
donataire. La donation d'une part d'enfant peut, comme
nous l'avons déjà dit, être assimilée à une institution
contractuelle, mais il ne s'ensuit nullement qu'elle soit
transmissible aux enfants du donataire en cas de prédécès de ce dernier. L'art. 1098 ne règle que la quotité
disponible ; quand il s'agit de fixer la nature, le mode

et les conséquences de la disposition, il faut se reporter à l'art. 1093 et à d'autres précédents : or, aucun de ces articles ne paraît admettre la substitution vulgaire tacite au profit des enfants de l'époux donataire. Du reste, notre législateur ne se montre-t-il pas toujours plus favorable aux enfants du premier qu'à ceux du second mariage ? Est-il naturel de supposer qu'il ait entendu favoriser les enfants du second lit au préjudice de ceux du premier ? Pothier (n° 596) disait qu'il était plus sûr d'exprimer cette substitution dans le contrat de mariage ; nous disons qu'elle n'a pas lieu lorsqu'une disposition expresse à cet égard n'existe pas, et nous pensons donner ainsi une opinion conforme à la loi et à l'intention du législateur.

La part de l'époux donataire est, comme nous l'avons déjà fait savoir, indéterminée et variable selon le nombre des enfants existants au décès du donateur. Pour la déterminer il faut diviser la masse des biens par le nombre des enfants, en ajoutant une unité ou, en d'autres termes, en comptant toujours l'époux comme un enfant de plus.

Mais quels enfants doivent compter pour le calcul de cette part ? Tous ceux qui viennent à la succession, sans distinguer ceux qui sont issus du premier et ceux qui sont issus du second ou subséquent mariage. Ceci résulte de l'art. 1098, dont les termes sont on ne peut plus généraux : or, *ubi lex non distinguit, ibi nos non distinguere debemus.* On compte tous les enfants qui existent au jour du décès du disposant, pourvu qu'ils soient héritiers. Ceux qui ont renoncé à la succession, ou qui en sont écartés comme indignes, ne font pas nombre pour le calcul de la quotité disponible et de la réserve, puisqu'ils sont censés n'avoir jamais existé juridiquement quant aux droits successifs. Cependant M. Troplong (t. VI, nos 2714, 2716), soutient l'opinion contraire quant aux enfants qui ont répudié la succession, et nous considérons un tel système comme inadmissible. C'est, en effet, aujourd'hui une règle certaine que la réserve est une partie de la succession, et que le réservataire n'y a droit qu'en qualité d'héritier.

Quant aux enfants adoptifs, nous pensons qu'ils doivent être comptés pour le calcul de la part d'enfant. L'art. 350 ne laisse aucun doute à cet égard, puisqu'il nous dit que l'adopté doit avoir dans la succession de l'adoptant les mêmes droits que l'enfant né en mariage.

Lorsque le conjoint donateur laisse des enfants naturels, on peut dire qu'il y a lieu de les compter aussi, en ce sens qu'il faut commencer par distraire de la masse la portion des biens à laquelle ils ont droit, d'après l'art. 757, de telle sorte qu'elle soit supportée proportionnellement, comme elle doit l'être, par le nouvel époux et par les enfants légitimes.

La prohibition de l'art. 1098 s'applique aussi, nous l'avons déjà vu, à l'époux qui se remarie, ayant, non des enfants d'un précédent mariage, mais des petits-enfants d'un enfant prédécédé. Comment ces petits-enfants doivent-ils être comptés pour la fixation de la part d'enfant disponible?

Dans notre ancienne jurisprudence on faisait une distinction. Y avait-il plusieurs petits-enfants nés de différents enfants : la succession se partageant par souche et non par tête, la part d'enfant était égale à la

part de la souche la moins prenante. Tous les petits-
enfants provenaient-ils au contraire d'un même enfant
prédécédé, la part d'enfant était celle d'un petit-enfant
individuellement le moins prenant : car, dans ce cas,
la succession se partageait par tête et non par souche,
chaque petit-enfant venant de son chef et non plus par
représentation de son père (Pothier, n⁰ˢ 564 et 565).
Une telle distinction s'appuyait sur les termes de l'édit
qui défendait aux veuves remariées de donner à leurs
nouveaux maris *plus qu'à l'un de leurs enfants, ou enfants
de leurs enfants*, mais elle ne peut être faite sous l'empire de notre Code, qui permet de donner simplement
*une part d'enfant*. Aujourd'hui, l'enfant prédécédé qui
a laissé des descendants est représenté par eux, et la
réserve n'en saurait être augmentée, quel que soit le
nombre de ces descendants, quand même ils vien-
draient à la succession de leur chef. Pourquoi, d'ailleurs, l'époux aurait-il moins de droits en présence de
descendants du second degré qu'en face d'enfants du
premier ? Pourquoi le faire souffrir en quoi que ce soit
du prédécès de ces derniers ?

En résumé, lorsque tous les enfants du premier mariage du donateur sont prédécédés, renonçants ou
exclus comme indignes, l'art. 1098 n'est pas applicable, et, par conséquent, toute cause spéciale de réduction a disparu. Si donc, c'est une somme d'argent ou
un objet déterminé qui a été donné par un époux
à son second conjoint, la donation ou le legs devra
être exécuté dans les limites de la quotité disponible
ordinaire fixée par les articles 913 et 915. Mais lorsque le disposant vient à mourir sans enfants ni des-

cendants, après avoir donné à son nouveau conjoint *une part d'enfant*, cette donation qui, dans l'ancien droit, d'après Pothier et Ricard, comprenait la moitié des biens, ne peut aujourd'hui produire d'effet pour plus d'un quart; c'est, en effet, là le maximum de la quotité qu'un époux peut recevoir en présence d'enfants du premier lit, et cette expression : *une part d'enfant*, ne peut avoir reçu du donateur un sens plus étendu. Mais il en serait autrement, et l'époux aurait droit à la totalité, sauf la réserve des ascendants, si la donation avait été *du disponible*, et n'eût ainsi laissé aucun doute sur l'intention du donateur.

Après avoir dit quels sont les enfants qui doivent faire nombre pour déterminer la part d'enfant qui revient à l'époux donataire, nous devons nous demander quels sont les biens dont il faut tenir compte.

Lorsque le donateur n'a pas fait de libéralités au profit d'autres personnes que son conjoint, il ne peut pas y avoir de difficulté ; c'est sur la masse totale des biens existants dans la succession que l'époux, considéré comme un enfant de plus, doit obtenir la part qui lui est accordée par la loi. Mais il n'en est plus de même quand l'époux donateur a fait des libéralités au profit de l'un ou de plusieurs de ses enfants ; il y a alors lieu de faire une distinction.

Si la libéralité a été faite par préciput, il faut la déduire de la masse sur laquelle le nouvel époux ne peut recevoir sa part d'enfant qu'après cette déduction. Si, au contraire, la libéralité n'est pas préciputaire, le nouvel époux peut en exiger la réunion fictive à la masse sur laquelle sa part doit être calculée. Ainsi, il peut, pour

le calcul de la part d'enfant à laquelle il a droit, exiger
la réunion fictive à la masse, des avancements d'hoirie
faits aux enfants. Il est certain que le rapport réel n'est
dû que par le cohéritier à son cohéritier et non aux
légataires ou donataires, en vertu de l'art. 857. Mais
l'époux demande-t-il un rapport réel? Non, évidemment; il veut seulement que sa part soit égale à celle
des enfants qui peuvent se demander le rapport l'un à
l'autre. Il ne faut pas confondre le rapport réel effectif,
établi par le Code dans un intérêt d'égalité entre héritiers et que seuls ils peuvent demander (art. 857), avec
la réunion fictive à la masse des biens et l'imputation
sur la réserve, dans le but de déterminer la quotité
disponible dans l'intérêt des donataires étrangers
(art. 922).

Lorsque l'époux remarié a fait une libéralité à son second conjoint et une autre à un étranger, il faut, pour
déterminer la part de l'enfant le moins prenant, procéder comme pour le cas où il s'agit d'une libéralité préciputaire au profit d'un enfant, c'est-à-dire déduire la
libéralité faite à cet étranger jusqu'à concurrence de la
quotité disponible, et réunir l'excédant, s'il y en a, à la
masse sur laquelle la part de l'époux donataire doit être
calculée.

La supputation de la part d'enfant servant de type
au disponible en faveur du nouvel époux doit donc
porter sur tous les biens existants dans la succession
du donateur et sur tous les biens donnés, sans distinction de ceux attribués aux enfants, au tiers et même à
l'époux donataire lui-même. Supposons qu'une donation excessive ait été faite au nouvel époux. A la mort

8

du donateur, si cette libéralité excède la quotité disponible fixée par l'art. 1098, il y a lieu à réduction de
cet excédant. Mais que va-t-on faire dudit excédant? Le
nouvel époux peut-il partager avec les enfants le profit
du retranchement opéré sur lui-même ? Cette question
divisait nos anciens auteurs, et elle est encore aujour-
d'hui l'objet de controverses assez vives. Selon Renusson (*Comm.*, p. 4, ch. III, n° 67) et Lebrun (*Succ.*, l. II,
ch. VI, sect. 1re, nos 11, 16), il fallait répartir les biens
ainsi retranchés entre le nouvel époux et les enfants ;
mais Pothier (n° 594) et Ricard (n° 1319) soutenaient
l'opinion contraire et fondaient leur décision sur la
constitution *Hac edictali* et la Novelle XXII, ch. XXVII, por-
tant que ce qui excédait une part d'enfant serait considéré *tanquam non donatum* et partagé entre les seuls
enfants : *ad personas liberorum deferri et inter eos dividi...
competit filiis et inter eos solos ex æquo dividitur.*

Nous avons déjà examiné cette question sous notre
ancien droit, nous avons adopté l'opinion soutenue par
Renusson et Lebrun, et nous pensons qu'il faut, même
sous l'empire de la législation qui nous régit, permettre
au conjoint donataire de venir partager avec les enfants
de l'époux donateur la portion de biens retranchée.
Notre opinion n'est certainement pas admise par tous
les auteurs, et elle est fortement combattue par M. Troplong. Cependant il nous semble que le système de cet
illustre auteur a pour résultat la violation formelle des
art. 922 et 1098.

L'art. 922 nous dit que c'est *sur tous les biens*, c'est-à-
dire sur la masse totale des biens existants et des biens
donnés *que l'on calcule la quotité dont le donateur ou le*

*testateur a pu disposer.* Or, n'est-il pas évident que, si l'on suivait l'opinion de M. Troplong, ce ne serait pas *sur tous les biens*, mais seulement sur *une partie des biens* que cette quotité serait calculée?

D'un autre côté, l'art. 1098 ne veut pas que le nouvel époux puisse recevoir plus qu'une part d'enfant le moins prenant, mais il ne veut pas non plus qu'il puisse recevoir moins. Dans ce cas, dit M. Troplong, « l'époux donataire doit être considéré comme complice du donateur qui a contrevenu à la loi, et, par conséquent, il doit être puni; et s'il a une part plus faible que celle de l'enfant le moins prenant, c'est sa faute, et il doit en subir les conséquences ». Nous ne comprenons certainement pas un pareil raisonnement. Il serait assez singulier, en effet, que le bénéfice du donataire fût moindre précisément parce qu'on a eu la pensée de lui donner davantage.

Le nouvel époux a donc le droit de recevoir une part d'enfant, mais cette part se mesure sur celle de l'*enfant le moins prenant*. La loi ne reconnaît plus aucune de ces inégalités qui résultaient autrefois des droits d'aînesse et de masculinité. Il n'y a pas, de par le Code, d'enfant moins prenant. Les différences que l'on peut rencontrer encore entre les enfants sont l'œuvre des disposants : les dons ou legs préciputaires peuvent seuls aujourd'hui fournir des cas d'application de l'art. 1098, en réalisant des lots inégaux.

L'époux donataire ne peut jamais avoir moins que la part légale du moins prenant, quelle que soit celle dont, de fait, le moins prenant déclare se contenter. Il est certain, en effet, que l'étendue plus ou moins grande

de la libéralité faite au nouvel époux ne peut dépendre
du fait de l'un des enfants et peut-être de sa collusion
frauduleuse avec les autres.

§ IV. — *De la réduction des donations excessives faites au
second conjoint.*

Lorsque l'époux donateur, ayant des enfants de son
premier mariage, a fait, au profit de son nouveau conjoint, une libéralité dépassant la quotité disponible
fixée par la loi, il est certain que cette libéralité ne
peut valoir pour le tout, que le législateur ne peut pas
fournir lui-même les moyens de violer la loi. Aussi
l'action en retranchement peut-elle être exercée contre
l'époux donataire. Mais à qui appartient le droit d'exercer cette action ?

L'époux donateur ne peut certainement pas exercer
lui-même le droit de réduction, puisque, d'après l'article 920, il ne s'ouvre que par son décès au profit seulement de ses héritiers. Nous dirons la même chose
en ce qui concerne ses créanciers, ses donataires et ses
légataires. L'art. 921 nous dit, en effet, « que la réduction des dispositions entre-vifs ne peut être demandée
que par ceux au profit desquels la loi fait la réserve,
par leurs héritiers ou ayants-cause ; mais que les donataires, les légataires et les créanciers du défunt ne
peuvent ni la demander, ni en profiter. » Toutes ces
personnes sont exclues par le droit commun : or, comment pourraient-elles se faire admettre au cas particulier qui nous occupe ? Du reste, leur débiteur n'a
lui-même aucun droit à cet égard ; elles ne peuvent
pas en avoir plus que lui.

Les enfants du premier lit, qu'ils soient légitimes ou légitimés, profitent de la réduction, ainsi que les en- fants du second mariage. Il en était ainsi en droit romain, selon la loi 9 au Code *de secundis nuptiis*, qui a toujours été suivie dans les pays coutumiers, parce qu'elle tendait à l'égalité des deux lits (Pothier, Cont. de Mar., n° 567). Dans les pays de droit écrit, cepen- dant, on donnait la préférence à la Novelle XXII, ch. xxvii, qui attribuait aux enfants du premier lit seùls le produit du retranchement. On alléguait pour raison, dit M. Troplong (Cont. de Mar., n° 2224), que, puisque les enfants du premier mariage étaient désavantagés par le second mariage de leur mère, laquelle, changeant de lit, avait changé d'affection, il était juste que le retranchement de l'avantage excessif fait au nom du mari s'opérât au profit du premier lit seulement.

Le système des pays de droit écrit a été abandonné par notre législateur, qui a admis celui des pays de Coutumes. Si la donation excessive ne doit pas nuire aux enfants du premier lit, elle ne doit pas non plus leur profiter : or, elle leur profiterait, au détriment des enfants du second lit, si la réduction n'était prononcée que dans leur intérêt. Les premiers doivent donc apporter à la masse les biens retranchés, et partager cette masse avec les seconds.

Mais il peut arriver que les enfants du premier lit n'usent pas du droit qui leur est accordé, de demander la réduction. Alors, les enfants du second lit ont-ils le droit d'agir de leur chef? Pour répondre à cette ques- tion, plusieurs hypothèses sont à considérer.

Supposons d'abord que les enfants du premier lit

soient morts. Il est certain que, dans ce cas, les enfants nés du second mariage ne peuvent avoir l'action en réduction. Qu'on ne dise pas que le droit de profiter de l'action exercée entraîne celui d'exercer l'action ; le droit des enfants du second mariage, droit dont ils doivent avoir le moyen d'exiger la réalisation, c'est celui de partager l'émolument de la réduction opérée ; ils peuvent agir pour cela contre leurs cohéritiers, mais ils n'ont pas un droit propre pour demander la réduction contre l'époux donataire, parce que, sans la présence des enfants du premier lit, ils doivent respecter les libéralités qui n'entament point leur réserve ; l'action une fois exercée, il en résulte un profit pour eux, à cause de l'égalité entre héritiers, mais l'action ne peut leur appartenir en vertu de l'art. 1098, qui n'est point fait pour eux.

Lorsque les enfants du premier lit ont renoncé à la succession, il faut encore refuser à ceux du second l'action en retranchement. En effet, les premiers ayant renoncé et, dès lors, étant considérés comme n'ayant jamais été héritiers, ne peuvent exercer l'action en réduction. Or, il doit nécessairement en être de même des seconds dont l'aptitude est une aptitude d'emprunt qu'ils tirent du droit des enfants du premier lit.

Les mêmes motifs font refuser, aux enfants du second mariage, le droit de demander la réduction, lorsque ceux du premier se trouvent frappés d'indignité.

La question, dans les trois hypothèses ci-dessus, ne peut donc donner lieu à aucune difficulté : aussi, les solutions que nous venons de donner sont-elles admises par la doctrine et la jurisprudence. Les controverses ne deviennent sérieuses que dans le cas où l'action en réduction s'étant ouverte dans la personne des enfants du premier lit, ceux-ci négligent ou refusent de l'exercer. Proudhon (*De l'Usufruit*, t. I, n° 347) refuse absolument aux enfants du second lit l'action en réduction, quand ceux du premier restent dans l'inaction. MM. Marcadé (n° 354) et Boutry (n° 451) soutiennent la même opinion en se fondant sur ce que l'action en retranchement n'est établie que dans l'intérêt des enfants du premier lit. L'argumentation de M. Marcadé repose uniquement sur ce que les enfants du second lit n'auraient de droit acquis que sur les produits du retranchement opéré par suite de l'action exercée par les enfants du premier.

Quant à nous, nous n'hésitons pas à accorder le droit de demander la réduction aux enfants du second lit, lorsque ceux du premier mariage négligent ou refusent de l'exercer. Dans notre ancien droit, comme nous le dit Pothier (n° 567), ce droit appartenait aux uns et aux autres : or, rien ne peut nous porter à croire que notre législateur ait entendu innover sur ce point. Les partisans de l'opinion contraire nous opposent la disposition de l'art. 921 et celle de l'art. 1496; qui ne voit, cependant, que ces deux articles n'ont pas autant de force qu'on le leur en donne? Il en résulte bien que l'action en réduction appartient principalement aux enfants du premier mariage et même qu'elle leur appartient exclusivement, en ce sens qu'elle ne peut s'ouvrir que dans leur personne. Mais ces articles ne font pas obstacle à ce que cette action étant ouverte dans leur personne, et existant dans la succession, les enfants du second mariage puissent eux-mêmes l'exercer. De plus, n'est-il pas évident que le système que nous combattons aurait pour résultat de faciliter les collusions au préjudice des enfants du second lit, et de laisser ces derniers à la discrétion des enfants du premier mariage ?

Les enfants des deux lits ont donc le droit, du moins selon nous, d'exercer l'action en réduction. Mais la qualité d'héritiers est-elle nécessaire à ces enfants pour qu'ils puissent demander le retranchement? C'était une question très-controversée dans notre ancien droit et dont nous nous sommes déjà occupé. Nous avons vu qu'elle faisait doute sous l'empire de l'édit des secondes noces, et nous avons adopté l'affirmative contrairement à l'opinion de Ricard, Lebrun et Pothier qui prétendaient qu'il n'y avait pas dans le droit au retranchement un droit successoral, mais un bénéfice particulier résultant de l'édit, lequel n'en avait pas subordonné l'existence à la qualité d'héritier. Aujourd'hui, tous les auteurs décident que la qualité d'héritier est nécessaire pour qu'on puisse demander la réduction.

Pour terminer tout ce que nous avons à dire sur cette action en réduction lorsque la libéralité dépasse le disponible fixé par l'art. 1098, disons que cette action est à la fois personnelle et réelle et qu'elle peut être intentée contre les tiers détenteurs des biens que le donataire aurait aliénés. Cependant il faut remarquer que ces tiers détenteurs ne peuvent être poursuivis qu'après la discussion des biens du donataire, et que la restitution des fruits doit se régler d'après l'art. 928,

c'est-à-dire que le donataire est obligé de restituer les
fruits de l'excédant de la portion disponible, à compter
du jour du décès du donateur si la demande a été formée dans l'année, sinon du jour de la demande.

## CHAPITRE II.

### DES RAPPORTS DU DISPONIBLE EXCEPTIONNEL AVEC LE DISPONIBLE ORDINAIRE.

Nous nous sommes occupé jusqu'ici du disponible
spécial fixé par les art. 1094 et 1098, et nous en avons
déterminé les règles principales, en supposant toujours
l'existence de dispositions faites par l'époux au profit
de son conjoint seulement. Il n'en est pas toujours ainsi:
il peut arriver que l'un des époux ait disposé, non-seulement au profit de son conjoint, mais encore en faveur
d'autres personnes. Il importe donc d'examiner maintenant le disponible entre époux dans ses rapports avec
le disponible ordinaire. La combinaison de ces deux
quotités disponibles soulève de vives controverses dans
la doctrine et la jurisprudence, et présente de nombreuses difficultés dont nous devons nous occuper en
répondant successivement aux trois questions suivantes:
1° Les deux quotités disponibles peuvent-elles être cumulées? — 2° Peuvent-elles concourir ensemble? —
3° Quel est le mode de concours?

Tout d'abord est-il permis de cumuler le disponible
spécial entre époux et le disponible ordinaire? Ce cumul était admis par la législation intermédiaire comme
nous le prouvent les art. 13, 14 et 16 de la loi du 17

nivôse de l'an II et l'art. 6 de la loi du 4 germinal an VIII. Mais alors le disponible ordinaire était si minime que ce cumul n'offrait pas des résultats aussi choquants que ceux qu'il offrirait aujourd'hui.

Après la promulgation de notre Code Napoléon, cette question du cumul fut très-controversée parmi les auteurs, les tribunaux et les cours impériales. C'est ainsi que la cour d'Agen admit, par un arrêt en date du 27 août 1810 (Sirey, 1811, II, 112), le système du cumul des deux quotités disponibles, et que la cour de Grenoble donna, plus récemment, le 26 mars 1838, la même solution.

Ce système a été complétement abandonné depuis l'arrêt de la cour de Cassation du 21 novembre 1842, cassant celui de la cour de Grenoble, ci-dessus cité; et aujourd'hui, tout le monde est d'accord, avec raison, pour décider que le cumul n'est pas possible.

Bien qu'il ne soit pas permis de cumuler ensemble les deux disponibles, il n'est cependant pas défendu de disposer, dans les limites légales, en faveur de son conjoint et en faveur d'un étranger. Si les deux quotités disponibles ne peuvent pas être cumulées, il est unanimement reconnu qu'elles peuvent concourir ensemble. Mais comment ce concours doit-il avoir lieu ? Cette question est certainement la plus difficile de notre sujet, et, avant d'y répondre, nous devons poser trois règles qui se trouvent dans tous les livres de doctrine et dans les arrêts de la jurisprudence :

1° Le montant cumulé des dispositions faites par l'époux, soit en faveur de son conjoint, soit en faveur d'un étranger ou d'un enfant, ne peut pas excéder la quotité disponible la plus forte.

2° Chaque gratifié, soit l'époux, soit l'étranger ou l'un des enfants, ne peut rien recevoir au delà de la quotité disponible qui lui est particulière.

3° L'étranger ou l'enfant ne peut pas profiter de l'augmentation de la quotité disponible que la loi a établie en faveur de l'époux.

Lors donc qu'il s'agit de résoudre une question relative au concours du disponible ordinaire avec le disponible entre époux, il est indispensable de compter avec ces trois règles dont la dernière présente de nombreuses difficultés.

Ces trois règles étant connues, nous allons parcourir les sept principales situations de l'époux donateur, pour voir comment dans chacune d'elles il a pu distribuer son double disponible. Nous nous demanderons comment doit se régler le concours : 1° lorsqu'il reste un seul enfant commun ; 2° et 3° lorsqu'il reste deux, trois enfants ou un plus grand nombre ; 4° lorsqu'il n'y a que des enfants naturels ; 5° lorsqu'il existe des enfants naturels en concours avec des enfants légitimes ; 6° lorsqu'il n'existe que des ascendants ; 7° lorsqu'il n'y a que des enfants d'un précédent mariage.

I. *Il existe un seul enfant commun.* — Quand l'époux donateur ne laisse qu'un seul enfant, c'est-à-dire quand la supériorité est du côté du disponible ordinaire, il n'y a lieu à aucune difficulté, soit que le père de famille ait commencé par donner à un étranger, soit que sa libéralité ait d'abord porté sur son conjoint, soit qu'il les ait gratifiés par le même acte ; il suffit au maintien de chaque libéralité, que leur ensemble n'excède pas la moitié fixée par l'art. 913, et que la part attribuée à chacun soit renfermée dans les bornes posées par les textes qui lui sont propres.

Ainsi, supposons que l'époux donateur ne laisse qu'un seul enfant. Dans ce cas, il peut disposer de la quotité disponible la plus forte, à savoir : de la moitié de ses biens en propriété, en faveur d'un étranger, et du quart en propriété et du quart en usufruit au profit de son conjoint. Si donc il a donné à un étranger la moitié de ses biens en pleine propriété, il est évident qu'il ne peut plus rien donner à son époux, pas plus qu'à aucun autre, puisque la première libéralité a embrassé tout le disponible et que, d'après la première règle ci-dessus posée, le montant cumulé des dispositions faites par l'époux, soit en faveur de son époux, soit en faveur d'un étranger, ne peut pas excéder la quotité disponible la plus forte. Cette solution est aussi conforme à la seconde règle, d'après laquelle chaque gratifié ne peut rien recevoir au delà de la quotité disponible qui lui est particulière.

Mais celui qui donne à son époux tout ce que permet l'article 1094 peut encore disposer, envers un étranger, d'un quart en nue-propriété. De même, il peut donner à son époux la moitié en usufruit, et à un étranger la moitié en nue-propriété ; aucun n'a plus qu'il ne pouvait recevoir, et le disponible du droit commun n'est pas dépassé.

Si, au lieu de cela, nous supposons que l'étranger n'ait reçu que 1/6 ou 2/12 des biens en pleine propriété, et l'époux 1/3 ou 4/12, il est certain que, dans ce cas, les deux libéralités réunies n'excèdent pas le disponible ordinaire qui est de 1/2 ou 6/12, et que la première règle est observée ; cependant la donation faite en faveur du conjoint doit être réduite. En effet, ce dernier a reçu le tiers en propriété, tandis que l'article 1094 ne permet de lui donner qu'un quart en propriété et un quart en usufruit, ou la moitié en usufruit seulement, et, dès lors, la seconde règle se trouve formellement violée. Il faut donc réduire de 1/12 la nue-propriété, et accorder au conjoint un quart ou trois douzièmes en pleine propriété et un douzième en usufruit seulement.

De même, il y aurait évidemment lieu à la réduction proportionnelle si un époux avait légué la moitié en pleine propriété à un étranger, et le quart en propriété, plus le quart en usufruit à son conjoint. Il faudrait alors calculer la valeur de l'usufruit, en raison de l'âge de l'usufruitier et d'autres circonstances laissées à l'appréciation des magistrats.

II et III. *Il reste, deux, trois enfants ou un plus grand nombre.* — Avant de régler le concours des deux disponibles dans le cas où .l'époux donateur laisse deux enfants, il importe de nous occuper d'une question qui soulève des controverses dans la doctrine et la jurisprudence. Il s'agit de savoir comment il faut faire pour connaître la valeur comparative de la propriété et de l'usufruit. Dans le cas qui nous occupe, la quotité disponible envers un étranger est d'un tiers, et, pour l'époux, d'un quart en propriété et d'un quart en usufruit. Il faut établir la plus forte quotité disponible en combinant ces deux disponibilités différentes, et, pour cela, il faut rechercher quelle est la valeur de l'usufruit. Cette question a donc une très-grande importance.

Beaucoup de tribunaux et la Cour de cassation elle-même ont presque toujours pris pour base de l'évaluation celle adoptée par la loi du 22 frimaire an VII, art. 14, § 9 et § 11, et art. 15, pour la perception du droit d'enregistrement, et ont donné à la jouissance la moitié de la valeur de la propriété. Cependant, nous pensons, avec MM. Duranton (t. IX, n° 796), Boutry (n° 487) et Marcadé (n° 369), que si, dans certains cas, il convient de donner à l'usufruit la moitié de la valeur de la propriété, il ne faut cependant pas dire que les tribunaux doivent nécessairement suivre ce mode d'évaluation ; si l'estimation faite dans l'intérêt du fisc peut être invoquée pour exemple et comparaison, il est évident qu'elle ne peut être prise pour règle générale dans l'intérêt des citoyens entre eux : car si l'usufruit légué à un homme de vingt ans ou trente ans peut valoir la moitié du fonds, il serait absurde d'en dire autant de celui qui serait légué à un vieillard de quatre-vingt-dix ans.

Ainsi, dans le cas où l'époux-donateur ne laisse que deux enfants, le disponible entre époux est tantôt moindre, tantôt plus considérable que le disponible ordinaire, tout dépend de la valeur que l'on accorde au quart d'usufruit ; si on l'estime à la moitié d'une pareille quote-part en pleine propriété, le disponible est des 9/24 pour l'époux, tandis que le disponible ordinaire ne peut atteindre que 8/24 ; si, au contraire, on donne au quart d'usufruit une valeur moindre, la quotité disponible ordinaire est supérieure à la quotité disponible entre époux. Tout dépend donc de l'estimation de ce quart d'usufruit.

Lorsque l'on n'accorde pas à l'usufruit la moitié de la valeur de la propriété, la quotité disponible ordinaire des art. 913 et 915 est supérieure à la quotité disponible spéciale de l'art. 1094, et, par conséquent, tout ce que nous avons dit pour le cas où le disposant ne laisse qu'un enfant est applicable lorsqu'il en laisse deux. Dans le cas contraire, pour régler le concours des deux disponibles, il faut recourir aux règles que nous allons examiner ci-dessous.

Nous arrivons ainsi à l'hypothèse dans laquelle le disposant laisse trois enfants et où, par conséquent, le disponible spécial de l'art. 1094 est supérieur à la quotité disponible ordinaire des art. 913 et 915.

Cette hypothèse est certainement la plus difficile, et elle a soulevé les plus graves controverses. Pour fixer, dans ce cas, le mode de concours des deux disponibles, il faut distinguer trois cas : ou bien, en effet, la disposition en faveur de l'étranger a précédé celle du conjoint; ou bien elle lui a été contemporaine; ou bien enfin, elle n'est venue qu'après.

1º Lorsque la disposition faite en faveur de l'époux est postérieure à celle faite en faveur de l'étranger ou de l'un des enfants, il ne peut pas y avoir de difficultés bien sérieuses. Il est évident que, dans ce cas, les deux libéralités ainsi faites par actes séparés doivent être valables dans les limites de la quotité déterminée par l'art. 1094. Cette quotité consacrant une exception en faveur de l'époux, il n'est pas douteux qu'après avoir épuisé le disponible ordinaire au profit d'un tiers,

eùfant ou étranger à la_famille, il ne soit permis de
donner encore a l'époux la différence·en plus autorisée
par l'art. 1094. Ainsi, supposons que Primus ait donné
d'abord irrévocablement, par donation entre-vifs, sa
quotité disponible ordinaire à un étranger ou à l'un de
ses enfants, par exemple le quart de ses biens lorsqu'il
a trois enfants : il est certain alors qu'il peut disposer
ensuite du quart en usufruit au profit de son conjoint.
De même, s'il a donné d'abord un quart en usufruit à
un étranger ou à l'un de ses enfants, il peut encore
disposer d'un quart en nue-propriété en faveur de son
époux. Dans ces deux cas, le plus fort disponible n'est
pas excédé ; chaque donataire ne reçoit que sa quotité
spéciale, et aucun ne profite de l'extension du disponible créé pour l'autre.

Si, au lieu d'avoir trois enfants, le disposant n'en a
que deux, il peut, après avoir donné à l'un d'eux ou à
un étranger son disponible ordinaire, c'est-à-dire 1/3
en propriété ou 8/24, disposer ensuite au profit de son
conjoint de 2/24 en usufruit formant l'équivalent de
1/24 en propriété, si toutefois on accorde à l'usufruit
la valeur de la moitié de la pleine propriété.

2° Demandons-nous maintenant comment doit se
régler le concours lorsque la disposition en faveur de
l'étranger ou de l'enfant et celle en faveur du conjoint
sont simultanés. Par exemple, un homme a trois enfants, il dispose, par un seul et même acte de donation
ou par testament, d'un quart en toute propriété
en faveur de son époux et d'un autre quart en usufruit au profit d'un tiers, ou réciproquement : comment, dans ce cas, doit avoir lieu le concours des deux

disponibles? Les libéralités devront-elles être exécutées intégralement? La réduction pourra-t-elle au contraire en être demandée?

Poser cette question, c'est la résoudre; le bon sens
seul suffit pour démontrer que la réduction ne peut pas
avoir lieu. Il est évident, en effet, que le donateur, en
faisant de semblables legs, n'a usé que de son droit.
Aussi sommes-nous profondément étonné de voir
M. Benech contester au père de trois enfants le droit de
disposer simultanément d'un quart en propriété en
faveur de son époux et d'un quart en usufruit au profit
d'un étranger ou de l'un de ses enfants. Pourquoi lui
refuser le droit de faire de telles dispositions? La quotité
disponible la plus élevée n'a pas été dépassée; la quotité disponible la moins forte ne l'a pas été non plus, et
ni l'un ni l'autre des légataires n'a reçu au delà du disponible qui lui est particulier. Pourquoi donc accorder
aux réservataires le droit de demander la réduction?

M. Benech n'est pas arrêté par ces objections qui,
cependant, nous paraissent très-graves, nous pouvons
même dire concluantes. Il reconnaît que, dans cette
combinaison, les bornes du disponible sont respectées,
tant au point de vue de l'ensemble des libéralités que
sous le rapport de ce que chacun de ceux qui en sont
l'objet peut recevoir; mais cela n'est pas suffisant,
suivant lui. Il faut de plus que le partage du disponible
de l'art. 1094 ait eu lieu suivant le vœu de cet article,
et ce vœu lui semble méconnu. Le supplément de quotité disponible, dit M. Benech, que l'art. 1094 ajoute à
la quotité disponible ordinaire, est un accessoire de
celle-ci, et l'épouse ne peut disposer, en faveur de son

9

époux, de ce supplément accessoire, qu'autant qu'il dispose aussi, en sa faveur, de la quotité disponible principale. Bien que cette objection ait une certaine gravité, nous disons, avec la Cour de cassation : « *qu'on ne peut combattre avec des considérations un texte de loi qui ne présente ni doute ni obscurité* » (3 janv. 1826 : Sirey, 1826, II, 269).

Il est une autre question qu'il ne faut pas confondre avec la précédente et qui, elle aussi, est controversée. C'est celle de savoir si le père de trois enfants peut disposer en faveur de l'un d'eux ou d'un étranger de moitié en usufruit, et par le même acte d'un quart en nue-propriété au profit de son conjoint. Nous pensons encore, contrairement à M. Benech, à un arrêt de la Cour de Grenoble en date du 26 mars 1838 et à un autre arrêt de la Cour de Toulouse du 6 juillet 1840 qu'on doit accorder cette faculté à ce père de famille, puisque, dans ce cas, les trois règles posées au commencement de ce chapitre sont encore respectées.

Quant au point de savoir si celui qui donne à son époux l'usufruit de la moitié de ses biens peut donner, par le même acte, à un de ses trois enfants ou à un étranger la nue-propriété du quart, tous les auteurs sont unanimes pour décider affirmativement cette question.

3° Nous avons raisonné jusqu'ici dans l'hypothèse de la réunion, dans un même acte, de la disposition en faveur de l'époux et de celle en faveur de l'étranger ou de l'enfant ; nous arrivons au cas le plus difficile, le plus controversé, celui où les deux dispositions ont lieu par des actes successifs de donations, et où la do-

nation faite d'abord irrévocablement en faveur de
l'époux a précédé celle faite ensuite au profit de l'enfant ou de l'étranger. Dans ce cas, si le don fait à l'époux
atteint le disponible ordinaire, le complément du disponible le plus fort peut-il être donné à tout autre qu'à
l'époux? Sur ce point, la plus vive dissidence existe
entre les auteurs, ainsi qu'entre les cours impériales.

Trois systèmes pouvant invoquer chacun de graves
motifs sont en présence. Selon quelques jurisconsultes,
la disposition en faveur de l'époux et celle en faveur de
l'enfant ou de l'étranger doivent toujours être mainte-
nues lorsqu'elles ne dépassent pas ensemble le disponible le plus élevé, et que ni l'un ni l'autre des gratifiés n'a reçu plus qu'il ne pouvait personnellement
recevoir, et cela, sans qu'il y ait lieu de distinguer si la
disposition faite d'abord au profit de l'époux a pour
objet l'usufruit ou la propriété. — D'autres prétendent
que ces deux dispositions ne doivent jamais être main-
tenues lorsque la disposition faite d'abord en faveur de
l'époux a épuisé le disponible ordinaire, sans qu'il y ait
non plus lieu de distinguer entre le cas où la libéralité
faite d'abord à l'époux a pour objet la propriété et celui
où elle a pour objet l'usufruit. Enfin, dans une dernière
opinion, il faut distinguer entre le cas où la disposition
faite au profit du conjoint a pour objet un droit de propriété et celui où elle a pour objet un droit d'usufruit.
Dans le premier cas, elle doit être imputée sur la quotité disponible ordinaire de l'art. 913, et elle la diminue
d'autant, ou elle l'épuise suivant les cas, de sorte que la
libéralité faite à l'étranger est réductible ou caduque;
dans le second, au contraire, elle doit être imputée sur

la quotité disponible spéciale de l'art. 1004, et laisse, par conséquent, entière la quotité disponible en propriété de l'art. 913.

Avant de commencer la longue discussion à laquelle nous allons nous livrer, nous devons tout d'abord faire connaître notre opinion sur cette importante question et dire que, quant à nous, le dernier système nous paraît le seul juridique, et qu'il nous est impossible d'admettre les deux premiers, et notamment le second, qui paraît triompher dans la jurisprudence. M. Bonnet (t. III, n° 1157) nous dit que la jurisprudence de la Cour de cassation est trop bien établie sur ce point, et qu'elle repose sur des raisons trop solides pour qu'un revirement soit jamais à craindre ; mais le savant magistrat nous pardonnera de n'être pas de son avis, et d'espérer que, dans un avenir prochain, les tribunaux, les cours impériales et la Cour suprême elle-même abandonneront une jurisprudence qui suscite tous les jours, de la part des auteurs, les protestations les plus énergiques pour consacrer notre doctrine si vigoureusement défendue par M. Demolombe (*Traité des donat.*, t. VI, p. 599), et dont le triomphe est si vivement désiré. « Il faut en- « tendre, dit M. Demolombe, ces hommes intelligents « et expérimentés qui s'occupent des affaires ; quelle « unanimité dans leurs vœux pour le changement de « la jurisprudence ! »

Nous allons exposer successivement les moyens présentés par les défenseurs des deux premières opinions, et, en terminant, nous ferons connaître les raisons qui nous font adopter le troisième système, à l'exclusion des deux autres.

*Premier système.*—Les partisans du premier système
soutiennent, comme nous l'avons déjà dit, que la disposition faite en faveur de l'époux et celle en faveur de
l'enfant ou de l'étranger doivent être toujours mainte-
nues lorsqu'elles ne dépassent pas ensemble la quotité
disponible la plus forte, et que ni l'un ni l'autre des
gratifiés n'a reçu plus qu'il ne pouvait personnellement
recevoir, sans qu'il soit besoin de faire une distinction
entre le cas où la disposition au profit de l'époux a pour
objet l'usufruit et celui où elle a pour objet la propriété.
Ainsi, supposons que Primus ait donné, par contrat de
mariage, à sa femme un quart de ses biens en pleine
propriété, et qu'il vienne à mourir en laissant trois enfants et un testament par lequel il a légué à l'un d'eux,
par préciput, un quart de ses biens en usufruit. Ces
deux dispositions doivent, d'après la première opinion,
être exécutées.

Ce système a trouvé dans MM. Aubry et Rau (sur Za-
chariæ, t. V, p. 615, 617) et Toullier (t. III, n° 871) des
défenseurs éloquents et convaincus. La loi du 17 nivôse,
disent-ils, si peu favorable à la puissance paternelle,
permettait la division du plus fort disponible entre
l'époux et les étrangers : or, comment supposer que le
Code Napoléon, qui a étendu la faculté de disposer, ait
été plus rigoureux ici, et ici seulement, que la loi que
nous venons de citer? Est-il naturel d'admettre que si
le donateur a trois enfants, sa faculté de disposer doive
être épuisée par le don fait à son conjoint? Le législateur
a-t-il pu vouloir empêcher l'époux donateur de payer
encore la dette de la reconnaissance, de laisser un souvenir à l'amitié, de réparer en partie, entre ses enfants,

les inégalités qu'il ne pouvait prévoir à l'époque du contrat de mariage? Non, cela n'est pas possible, et on ne peut accuser le législateur d'avoir commis une pareille inconséquence.

Du reste, dans le cas qui nous occupe, le montant cumulé des deux dispositions n'excède pas la quotité disponible la plus forte qui, d'après l'art. 1094, est d'un quart en propriété et d'un quart en usufruit. D'autre part, l'un et l'autre des gratifiés, loin de recevoir au delà des limites du disponible à lui propre, ne reçoit même pas tout ce disponible. Pourquoi donc ces deux libéralités ne pourraient-elles pas être exécutées?

Tels sont les principaux arguments que font valoir ceux qui soutiennent ce système; nous n'en méconnaissons pas la force, mais nous les considérons comme insuffisants.

*Deuxième système.* — Dans ce second système, on soutient que la disposition faite d'abord irrévocablement en faveur de l'époux doit toujours être imputée sur la quotité disponible ordinaire de l'art. 913, non-seulement lorsqu'elle a pour objet la propriété, mais encore lorsqu'elle a pour objet l'usufruit. Si donc Primus, après avoir donné par contrat de mariage à sa femme l'usufruit de la moitié des biens qu'il laissera à son décès, meurt en laissant trois enfants et un testament par lequel il donne à l'un d'eux, par préciput, sa quotité disponible ou la nue-propriété du quart de ses biens, les partisans de ce second système décident que le legs fait à l'enfant ne peut pas être exécuté, parce que la quotité disponible a été épuisée par la donation de la moitié en usufruit faite d'abord à l'époux.

En effet, disent-ils, la quotité disponible de l'article 1094 a été spécialement établie en faveur de l'époux, et l'enfant donataire ne peut pas en profiter. C'est dans l'intérêt exclusif du conjoint que le législateur a augmenté le disponible, et cette augmentation constitue un droit qui lui est exclusivement personnel et dont les étrangers ne sauraient invoquer le bénéfice. On peut dire à l'enfant donataire : « Votre donation, comme « toutes les libéralités postérieures, doit être réduite, « parce qu'elle entame la réserve fixée par les articles « 913 et 915 ; si c'était l'époux du disposant qui fût à « votre place, il conserverait la libéralité, grâce à une « exception faite en sa faveur et que vous ne pouvez « invoquer. »

Ce système, soutenu par MM. Troplong (t. IV, n° 2600), Duranton (t. IX, n°s 794–796) et Bonnet (t. III. n°s 1152 et 1153), est aussi celui de la jurisprudence. Cependant la Cour de Riom, après avoir, par un arrêt en date du 2 avril 1841, jugé que l'époux qui a fait à son conjoint une donation qui n'excède pas le disponible ordinaire peut ensuite disposer jusqu'à concurrence du disponible de l'article 1094, soit en faveur de son époux soit en faveur d'un étranger, a, par un arrêt postérieur, décidé la question en sens contraire ; et enfin, par un dernier arrêt du 21 mai 1853 (D. 1853, II, 593), elle est revenue à sa première jurisprudence et, par conséquent, aujourd'hui elle ne suit pas le système de la Cour de cassation qui n'a jamais varié dans son interprétation restrictive de la disponibilité.

*Troisième système.*—Nous arrivons, enfin, au système qui est le nôtre et d'après lequel la disposition faite par l'époux en faveur de son conjoint, lorsqu'elle a pour objet un droit d'usufruit, doit être imputée sur la quotité disponible de l'article 1094, de manière à laisser entière la quotité disponible en propriété ou nue-propriété de l'article 913.

C'est un système qui, comme on·le voit, est essentiellement opposé à celui de la jurisprudence, et bien qu'il n'ait pas l'honneur d'être adopté par la Cour suprême, nous espérons pouvoir démontrer facilement qu'il est fondé en droit et en raison.

Il est certain, tout d'abord, que le système de la Cour de cassation viole tout à la fois l'article 913 et l'article 1094, lorsqu'il prétend imputer sur la quotité disponible en propriété de l'article 913 la donation faite, en usufruit, d'après l'article 1094, par l'époux à son épouse. Si le législateur a réglé, dans deux textes distincts, la quotité disponible en faveur d'un enfant ou d'un étranger par l'article 913 et celui en faveur de l'époux par l'article 1094, il a certainement voulu, par cela même, que les dispositions au profit d'un enfant ou d'un étranger fussent imputables sur la première, et que celles en faveur de l'époux le fussent sur la seconde. Or, n'est-il pas naturel de présumer que le disposant, en donnant à son enfant ou à un étranger, entend se placer dans l'article 914, de même qu'il entend se placer dans l'article 1094, lorsqu'il dispose en usufruit, au profit de son conjoint? Le décider autrement, c'est donc, comme nous l'avons déjà dit, violer les dispositions de ces deux articles.

On nous répond que nous nous trompons, et que notre doctrine méconnaît la véritable intention du disposant ; mais nous croyons que c'est au système de la jurisprudence que ce reproche doit plutôt être adressé. C'est, en effet, méconnaître les tendances les plus naturelles du cœur humain que de supposer, chez le disposant, l'intention de restreindre volontairement lui-même sa faculté de disposer et de choisir à dessein, par l'effet d'une conbinaison calculée, un mode d'imputation qui doit lui lier les mains pour l'avenir. N'est-il pas, au contraire, plus probable que cet époux donateur n'a pas entendu renoncer ainsi, par avance, au droit de faire des libéralités à ses enfants et se priver de cette précieuse sanction de son gouvernement domestique ?

Du reste, dans le cas qui nous occupe, le montant cumulé des deux dispositions n'excède pas le disponible le plus fort ; ni l'un ni l'autre des gratifiés n'a reçu au delà de ce qu'il pouvait recevoir ; le supplément du disponible en usufruit, qui porte sur la réserve, est attribué à celui qui a capacité pour le recevoir, c'est-à-dire à l'époux. Ces deux dispositions seraient certainement valables, de l'aveu même de nos adversaires, si la libéralité en faveur de l'enfant avait été faite la première ; pourquoi ne le seraient-elles pas encore dans le cas où la première disposition est celle faite au profit de l'époux ? Que fait ici la question de priorité ?

On voit donc que les arguments les plus puissants militent en faveur de notre doctrine : aussi, tant qu'une loi ne sera pas venue pour la condamner, nous la considérerons comme la seule raisonnable et juste. Il est vrai qu'on nous répond que cette loi existe ; que ce n'est qu'en faveur de l'époux que l'article 1094 a augmenté la quotité disponible ordinaire de l'article 913, et que l'enfant ne doit pas en profiter. On ajoute que lorsque l'enfant se trouve en concours avec l'époux, il faut le traiter comme s'il se trouvait en concours avec un étranger ; qu'il faut supposer que l'époux n'existe pas et que l'article 1094 n'est pas dans notre Code, et se demander, dans cette supposition. ce que l'enfant pourrait avoir, si l'époux à qui la première libéralité a été faite était lui-même étranger.

'Nous avouons qu'un tel moyen de procéder est très-commode, et qu'il est très-facile ainsi de résoudre les questions les plus difficiles ; mais nous ne croyons pas qu'il faille, comme le font nos adversaires, supposer que l'époux n'existe pas et que l'article 1094 ne se trouve pas dans notre Code. Non, l'époux existe, il est là, et nous avons le bonheur de posséder l'article 1094, il faut donc en tenir compte. Du reste, est-il bien vrai qu'il faille considérer l'époux comme un étranger lors-qu'il est en concours avec un enfant donataire ? D'après les partisans mêmes du système que nous combattons, lorsque la disposition de la moitié en usufruit en fa-veur d'un étranger et la disposition du quart en nue-propriété en faveur de l'enfant ont été faites par tes-tament, cet enfant ne peut pas obtenir en entier le legs du quart en nue-propriété, et il y a lieu de le réduire au marc le franc, avec le legs de la moitié en usufruit. Or, ces mêmes adversaires reconnaissent, au contraire, que si c'est à son époux qus le testateur a légué la moi-tié en usufruit, l'enfant doit obtenir en entier son legs du quart en propriété. Donc nous sommes auto-

risé à conclure que ce n'est pas la même chose pour
l'enfant de concourir avec l'époux ou de concourir avec
un étranger.

Il est vrai que, dans le cas qui nous occupe, la libéralité en faveur de l'époux a précédé celle faite au
profit de l'enfant; mais qu'importe ? Puisque nos
adversaires reconnaissent que, dans le cas où la disposition en faveur de l'époux et la disposition en faveur
de l'enfant ont été faites par testament, le conjoint seul
profite de l'extension apportée en sa faveur à la faculté
de disposer ; ils sont nécessairement obligés de reconnaître aussi que le conjoint seul profite de cette extension, dans le cas où la disposition à son profit a précédé
celle faite en faveur de l'enfant. Il nous est impossible
d'apercevoir quel peut être ici l'intérêt de la question
de date et de priorité. La question de priorité, en
effet, ne peut jamais s'élever que lorsqu'il y a lieu à
réduction ; elle est un mode d'exercice de cette réduction qui implique nécessairement d'abord l'existence
de la réduction elle-même.

IV. *Il existe des enfants naturels.* — La limitation de
la quotité disponible au quart en propriété et au quart
en usufruit n'a été établie, par l'article 1094, que dans
l'intérêt des enfants légitimes, nés du mariage. S'il n'y
a que des enfants naturels, et que l'époux ait donné à
son conjoint la portion disponible, le don ne pourra
être réduit qu'à la moitié de la succession; c'est la
même réserve que si le don universel avait été fait à un
étranger.

V. *Il existe des enfants naturels en concours avec des
enfants légitimes.* — Dans ce cas, le disponible entre

époux est encore d'un quart en propriété et d'un quart en usufruit. Pour partager cette portion indisponible entre les enfants, il faut commencer par satisfaire les enfants naturels. Or, nous savons qu'aux termes de l'article 757 un enfant naturel en concours avec un ou plusieurs enfants légitimes a droit au tiers de la portion à laquelle il aurait droit s'il était légitime. Supposons donc deux enfants, l'un naturel, l'autre légitime. La portion indisponible à partager est d'un quart en nue-propriété et d'une moitié en pleine propriété. Si l'enfant naturel était légitime, il prendrait la moitié de ces valeurs, c'est-à-dire 1/4 en propriété et 1/8 en nue-propriété; mais, comme il n'est qu'enfant naturel, il ne peut prendre que le tiers de ce qu'il aurait pris étant légitime, c'est-à-dire 1/12 en propriété et 1/20 en nue-propriété. Quant à l'enfant légitime, il lui revient 5/12 en propriété et 5/24 en nue-propriété.

VI. *Il n'existe que des ascendants.* — Lorsque le disposant ne laisse que des ascendants, il peut donner à un étranger la moitié ou les trois quarts de ses biens selon qu'il y a des ascendants dans chaque ligne ou dans une seule. Dans le même cas, il peut disposer, au profit de son conjoint, de la même valeur en propriété et en outre de l'usufruit de la portion réservée.

Dans cette hypothèse le concours du disponible ordinaire et du disponible entre époux doit se régler comme dans le cas où le disposant laisse trois enfants, puisqu'ici encore le disponible spécial est plus élevé que le disponible ordinaire. Il faut donc distinguer si la disposition faite au profit du conjoint a pour objet un droit de propriété ou un droit d'usufruit. Dans le premier cas, la libéralité en faveur de l'époux doit être imputée sur le disponible de l'article 913, tandis que dans le second elle doit être imputée sur celui fixé par l'article 1094 et laisser intact le disponible ordinaire, et cela sans qu'il y ait lieu de s'inquiéter si la disposition au profit du conjoint a précédé ou suivi celle faite en faveur de l'étranger.

VII. *Il existe des enfants d'un précédent mariage.* — Lorsque le disposant laisse des enfants d'un précédent mariage, le disponible pour le nouvel époux est égal à la part de l'enfant le moins prenant, sans qu'il puisse excéder le quart des biens, d'après l'article 1098. Nous avons suffisamment expliqué la disposition de cet article pour ne pas y revenir ici. Quant au cas de concours entre le disponible spécial et le disponible ordinaire, il faut lui appliquer les règles qui précèdent avec les modifications de quotité qu'il comporte.

*De la réduction et de la manière d'y procéder en cas de concours de la donation entre époux et celles faites à des tiers.* — Nous venons de voir, ci-dessus, dans quelles limites peut s'exercer le concours des libéralités faites à l'époux avec celles souscrites au profit de tierces personnes. Nous devons, maintenant, dire quelques mots de la réduction en cas de concours de ces diverses libéralités et de la manière de procéder à cette réduction.

Tout d'abord nous devons faire remarquer qu'il ne faut pas confondre la demande en réduction avec la juste prétention de celui qui, ayant droit au disponible le plus fort, fait retrancher ce qui doit lui revenir de la libéralité faite à celui qui n'avait droit qu'au disponible le plus faible et a pourtant reçu davantage. Cette demande en retranchement peut être formée par un légataire ou donataire, tandis que la demande en réduction ne peut être intentée que par les héritiers réservataires ou leurs ayants-cause.

Cette observation étant faite, nous allons nous occuper du mode de procéder à la réduction quand elle doit avoir lieu.

Il est évident qu'on ne doit tenir compte des donations faites entre époux pendant le mariage qu'autant qu'elles n'ont pas été postérieurement révoquées par des dispositions incompatibles avec elles : toute donation entre gens mariés, quoique révocable, est une donation entre-vifs dont la perfection date du jour du contrat, et, si elle peut être révoquée, elle ne l'est pas nécessairement par toute libéralité postérieure, elle ne l'est que par l'intention manifeste du donateur.

Après avoir écarté les libéralités révoquées, en présence de donations toutes également valables, on examine si celles qui ont été faites, soit à l'étranger, soit à l'époux, n'excèdent point la quotité disponible en faveur de chacun d'eux, pour les réduire d'abord à cette quotité. On conçoit, en effet, que si une première libéralité excédait le disponible ordinaire, et que la seconde, inférieure au disponible exceptionnel, n'entamât la réserve qu'à cause de l'excès de la première, celle-ci devrait nécessairement subir un retranchement qui affranchirait la seconde de la réduction.

Si, réduites chacune à la quotité légale, ces libéralités ne sont excessives que par leur réunion, de deux choses l'une : elles n'ont pas ou elles ont la même date.

Dans le premier cas la réduction se fait par application de l'art. 923, d'après les règles ordinaires, en commençant par les legs, et en continuant par les donations successivement depuis la dernière jusqu'à la première. Le second cas, c'est-à-dire celui où elles ont la même date, présente certaines difficultés. Le point de savoir comment, dans ce cas, doit s'opérer la réduction, divise la doctrine et la jurisprudence. Trois systèmes sont en présence, nous allons les examiner successivement : le premier est soutenu par M. Toullier, le second par M. Delvincourt, le troisième par M. Marcadé.

M. Toullier (t. V, n° 872) enseigne qu'on doit toujours faire une seule opération en réduisant au marc le franc les dispositions contenues dans le même acte, et cela d'après le disponible le plus élevé. Ce système est évidemment inadmissible : aussi M. Delvincourt juge que réduire toutes les libéralités faites tant aux étrangers qu'aux époux, d'après la même mesure, c'est faire profiter les deux donataires d'un disponible non établi pour chacun d'eux, et il propose de réduire aussi proportionnellement, mais d'après le disponible commun aux deux libéralités, c'est-à-dire d'après le plus faible, et d'attribuer l'excédant d'un disponible sur l'autre à celui des donataires pour lequel est établie la plus forte quotité.

M. Marcadé (n°s 374, 375) ne trouve pas ce second système encore parfait : il a pour résultat de trop attribuer, suivant lui, au donataire du plus fort disponible, comme celui de M. Toullier lui enlève trop. M. Delvincourt accorde à ce donataire l'excédant d'un disponible sur l'autre, après l'avoir fait concourir déjà sur

le disponible commun pour tout le montant de sa donation avec le donataire de la plus faible quotité : c'est
l'avantager deux fois. M. Marcadé admet bien la réduction proportionnelle d'après le plus faible disponible,
mais avec une modification : « Puisque, dit-il, pour un
« instant on suppose que le disponible le plus faible
« est le disponible commun, il faut donc, pour ne pas
« trop donner au donataire le plus favorable, faire
« subir momentanément au chiffre de son legs une
« diminution proportionnelle à celle qu'on fait subir à
« son disponible, après cela, on lui donnera exclusi-
« vement ce qui reste encore disponible pour lui
« seul. »

M. Boutry, dans son remarquable traité sur *Les donations entre époux* (n° 497), adopte le dernier système, tout
en essayant de le simplifier. Faisant observer que, outre
qu'il repose sur une sorte de fiction qui pourrait être
gênante, le système de M. Marcadé nécessite, comme
les autres, une estimation de l'usufruit, ce qu'il serait
préférable d'éviter, cet auteur pense qu'on remédierait
au double inconvénient qu'il signale, en distinguant,
dans la libéralité faite au donataire le plus favorable,
la portion qu'il peut seul recevoir, soit en propriété,
soit en usufruit, pour la prélever réellement à son profit exclusif; on procéderait ensuite à la réduction proportionnelle d'après le plus faible disponible devenu
réellement commun ; la somme de ce que lui laisserait
cette réduction, jointe à ce qui a été prélevé à son
profit, serait ce qu'il doit conserver de la libéralité.

Jusqu'à présent nous avons supposé l'hypothèse où la
disposition en faveur de l'époux a été faite *per modum*

*universitatis*, de la moitié en usufruit par exemple, ou d'un quart en propriété affectant, de la même manière, l'ensemble du patrimoine, les meubles comme les immeubles. Mais il peut arriver que l'époux dispose, en faveur de son conjoint, de la pleine propriété de ses meubles et de l'usufruit de ses immeubles. Comment, dans ce cas, doit, en cas d'excès, être réduite cette disposition? Supposons que la valeur des meubles soit de un huitième de la succession, et la valeur des immeubles des sept autres huitièmes. On a présenté quatre moyens de procéder à cette réduction.

On a prétendu, en premier lieu, qu'il fallait attribuer à l'époux donataire le quart en propriété et le quart en usufruit de tous les biens soit meubles, soit immeubles. Il est évident que ce mode de procéder ne peut être admis, que cette transformation du caractère de la disposition est impossible et qu'on ne saurait attribuer à l'époux sur les immeubles un droit de propriété, tandis que la disposition, au contraire, ne lui a attribué qu'un droit d'usufruit.

Un second système consisterait, au contraire, à opérer la réduction séparément et distributivement, sur les meubles et sur les immeubles, et, par conséquent, à attribuer à l'époux, sur les meubles, un quart en propriété et un quart en usufruit, et, sur les immeubles, la moitié en usufruit. On peut adresser à ce système un double reproche : de faire deux masses distinctes et d'admettre simultanément un double mode de réduction, contrairement à l'art. 922 qui n'admet qu'une seule masse et un seul mode de réduction ; et de ne pas accorder facilement à l'époux ce qui lui a été donné et ce qui pouvait, en effet, lui être donné.

Selon un troisième système, il faudrait attribuer à l'époux la pleine propriété du mobilier, dès que la valeur de ce mobilier n'atteint pas le quart de toute la succession et réduire son usufruit au quart des immeubles.

Enfin, d'après le quatrième et dernier système il faut accorder la pleine propriété des meubles qui forment, nous le supposons, le huitième de la valeur de la succession totale, à l'époux à qui elle a été donnée, et à qui elle a pu être donnée. Quant à l'usufruit des immeubles, il faut lui en accorder trois huitièmes, à savoir : deux huitièmes ou le quart auquel il aurait droit, si la propriété des meubles à lui donnée équivalait elle-même au quart; et un huitième, en quelque sorte, supplémentaire, pour compléter, en usufruit, sur les immeubles, ce qui manque dans les meubles au quart en propriété qui lui a été donné : ce qui compose la donation d'un huitième en propriété sur les meubles et de trois huitièmes en usufruit sur les immeubles.

Ce dernier système est incontestablement le meilleur puisqu'il a l'avantage de se maintenir dans la règle de l'art. 922, et de laisser à l'époux donataire ce que vraisemblablement l'époux disposant a entendu lui laisser.

# CHAPITRE III.

## DE LA NULLITÉ DES LIBÉRALITÉS DÉGUISÉES OU FAITES A PERSONNES INTERPOSÉES.

Nous avons, dans les chapitres précédents, examiné les règles qui déterminent la quotité disponible entre époux, et nous avons vu qu'elles ont pour sanction la réduction des libéralités excessives. L'art. 1099 leur en donne une seconde qui consiste dans la nullité des libéralités déguisées ou faites à personnes interposées; c'est de cette dernière sanction dont nous allons nous occuper, pour terminer tout ce que nous avons à dire sur cette importante et difficile matière de la quotité disponible entre époux.

Le siége de la matière se trouve dans les art. 1099 et 1100 du Code Napoléon.

L'art. 1099 nous dit : « Les époux ne pourront se « donner indirectement au delà de ce qui leur est « permis par les dispositions ci-dessus. — Toute dona- « tion ou déguisée, ou faite à personnes interposées, « sera nulle. »

L'art. 1100 ajoute : « Seront réputées faites à per- « sonnes interposées, les donations de l'un des « époux aux enfants ou à l'un des enfants de l'autre « époux, issus d'un autre mariage, et celles faites par « le donateur aux parents dont l'autre époux sera héri- « tier présomptif au jour de la donation, encore que « ce dernier n'ait point survécu à son parent dona- « taire. »

Ainsi, pour assurer l'exécution des dispositions qui défendent aux époux de se donner au delà d'une certaine quotité, le législateur a voulu enlever tout moyen d'éluder la prohibition par des voies détournées. Tel est le but de notre article 1099 qui prévoit trois espèces de dispositions : les donations indirectes, déguisées ou à des personnes interposées. Cet article s'applique évidemment aux dispositions entre époux qui n'ont pas d'enfants d'un premier mariage, aussi bien qu'à celles faites par ceux qui en ont, et à celles faites pendant le mariage aussi bien qu'à celles faites pendant le contrat de mariage. Cependant certains auteurs ont essayé de soutenir que l'article 1099 ne se réfère pas à l'article 1094, mais seulement à l'article 1098 ; cette opinion n'est nullement fondée. Cet article, en effet, ne vise point l'article 1098 seulement ; au contraire, il parle de ce qui est permis par « les dispositions ci-dessus », expressions qui peuvent embrasser tous les articles du même chapitre. D'autres jurisconsultes soutiennent que l'article 1099 ne peut pas s'appliquer aux dispositions faites pendant le mariage, c'est-à-dire à celles contenues dans l'article 1096 ; mais nous pensons qu'il ne faut faire aucune distinction entre les libéralités antérieures et celles postérieures au mariage : seulement les premières seront moins souvent annulées parce que, d'une part, elles sont irrévocables sans qu'il y ait eu besoin pour cela de les déguiser, et, d'autre part, qu'il sera bien rare, hors le cas de convol, qu'il y ait eu déguisement d'acte ou interposition de personnes avant le mariage, dans le but d'éviter la réduction.

L'article 1099, comme nous l'avons déjà fait remarquer, parle des libéralités *indirectes* et des libéralités *déguisées ou faites à personnes interposées*. Nous devons donc nous demander en quoi la première classe de libéralités diffère des deux dernières. Les donations indirectes sont celles qui, faites autrement que par un acte solennél de donation, se présentent ostensiblement avec leur nature de libéralités. Ce qui caractérise les avantages indirects, c'est qu'on ne rencontre dans ces sortes d'avantages, ni emploi d'un acte onéreux, ni interposition d'une personne tierce à laquelle la libéralité est, en apparence, adressée. Lorsqu'au contraire la libéralité a été dissimulée sous la forme d'un acte onéreux, ou lorsqu'elle a été faite à un autre qu'à l'époux qui doit en recueillir le bénéfice, alors il y a bien avantage indirect dans l'acception large du mot; mais plus spécialement, et par opposition aux avantages indirects proprement dits, il y a donation déguisée ou donation à personne interposée.

Quant aux libéralités indirectes, elles sont simplement réductibles à la quotité disponible entre époux. L'application des principes généraux sur la réduction des libéralités excessives est maintenue; rien dans la loi n'y fait exception.

Mais le point de savoir quel doit être le sort de la libéralité faite par l'un des époux à l'autre, soit sous le déguisement d'un contrat à titre onéreux, soit par une personne interposée, soulève de nombreuses controverses. Trois systèmes divisent les auteurs et la jurisprudence.

*Premier système.* — Le premier système enseigne qu'il faut traiter cette libéralité comme une libéralité indirecte et qu'elle est valable pour le tout, si elle n'excède pas la quotité disponible, et qu'elle est réductible seulement, si elle l'excède.

Les partisans de ce premier système raisonnent de la façon suivante. L'ancien droit, disent-ils, ne permettait à l'homme ou à la femme contractant un second mariage, de donner à son nouveau conjoint qu'une part d'enfant le moins prenant, et si le donateur excédait cette mesure, qu'elle fût directe, indirecte, déguisée ou à personnes interposées, sans distinction, elle n'était pas frappée d'une nullité absolue, mais seulement soumise à réduction. C'est ce qui résulte de la loi *Hac edictali* et de l'édit des secondes noces. Or, est-il naturel de penser que l'article 1099, dont la disposition générale s'applique aux premières unions comme aux secondes, ait été plus sévère à l'égard des unes et des autres que ne l'était l'ancienne législation à l'égard des secondes noces seulement, qu'elle avait pour but de rendre défavorables?

Du reste l'article 1099 lui-même, sainement entendu, ne fait pas de distinction entre les libéralités indirectes et les libéralités déguisées ou faites à personnes interposées. Cet article porte, il est vrai : « Les époux ne « pourront se donner indirectement au delà de ce qui « leur est permis par les dispositions ci-dessus. Toute « donation ou déguisée, ou faite à personnes interpo- « sées, sera nulle. » Mais, de ces deux dispositions, la seconde se lie étroitement à la première, elle n'est que la conséquence nécessaire du principe posé dans celle-ci, et il est de règle, en logique, que la conséquence ne doit pas être plus étendue que le principe.

Enfin, disent les auteurs qui soutiennent cette doctrine, n'est-il pas permis de faire indirectement ce qu'il est permis de faire directement ?

*Deuxième système*. — D'après le second système il faut distinguer : si la libéralité n'excède pas la quotité disponible, elle est valable, tandis qu'elle est nulle pour le tout et non pas seulement réductible si elle l'excède. Cette distinction est admise par la Cour de cassation et par quelques auteurs parmi lesquels nous pouvons citer M. Troplong (t. IV, n° 2744). C'est seulement, dit ce savant jurisconsulte, lorsque l'avantage dissimulé est excessif que le déguisement prend la couleur d'un piége et devient un embarras; quand il n'y a pas d'excès, peu importe qu'on ait pris une voie indirecte pour arriver à ce qu'on pouvait faire directement. D'ailleurs les donations déguisées n'ont rien par elles-mêmes de défavorable lorsqu'elles n'ont pas pour but de frauder la réserve.

*Troisième système*. — Enfin, le troisième système décide que, dans tous les cas, la libéralité est nulle pour le tout, soit qu'elle excède, soit qu'elle n'excède pas la quotité disponible.

En effet, l'article 1099 contient deux dispositions tout à fait différentes, et la sévérité de la loi à l'égard des donations déguisées ou faites à personnes interposées s'explique par la nécessité de punir plus fortement celui qui se cache pour donner que celui qui donne trop, mais ouvertement; elle s'est montrée plus rigoureuse pour les avantages entre époux que pour les donations entre étrangers : elle a redouté l'influence mutuelle des époux; elle a pensé qu'ils employeraient,

et largement, la simulation de l'acte onéreux et l'interposition de personnes, moyens de fraudes les plus
ordinaires ; et, pour en détourner les époux avec plus
d'efficacité, elle a privé la donation de tout effet.

Qu'on ne vienne pas invoquer la loi *Hac edictali* et
l'édit des secondes noces de 1560. De ce que la loi romaine et cet édit des secondes noces ne prononçaient
pas la nullité dans le cas où la libéralité était frauduleuse, on ne peut pas en conclure que cette nullité ne
soit pas entrée dans la pensée des rédacteurs du Code
Napoléon. S'ils avaient voulu transporter dans notre
législation nouvelle la sanction imparfaite du droit
romain et de l'ancien droit français qui leur était si
familier, ils se seraient assurément gardés de parler
dans les termes qu'on lit dans l'art. 1099. S'ils connais-
saient la loi *Hac edictali* et l'édit des secondes noces, ils
savaient aussi que la sanction de ces lois était impuis-
sante à protéger les droits des enfants du premier lit
contre la fraude, ils savaient que l'ancienne jurisprudence elle-même luttait contre cette impuissance de la
loi. Voilà ce que n'ignoraient pas les auteurs du Code
Napoléon, et ce qui fait ressortir la sagesse de la distinction à l'aide de laquelle ils ont perfectionné le
principe prohibitif de la loi *Hac edictali* et de l'édit des
secondes noces.

Le premier système que nous avons exposé ci-dessus
n'a donc aucune force puisqu'il est contraire au texte
de l'article 1099 et à l'intention du législateur ; les motifs que nous venons d'invoquer à l'appui de ce dernier
système, qui est le nôtre, suffisent pour le faire rejeter.
Il en est de même du second qui aurait pour résultat d'in-

troduire dans le texte de l'article 1099 une distinction à laquelle résiste la généralité de ses termes.

Il faut donc tenir pour certain que le Code a entendu tracer une ligne de démarcation tranchée entre les donations simplement indirectes et les donations déguisées ou faites à personnes interposées. Valable dans le premier cas, la disposition n'est que réductible en cas d'excès. Plus profondément atteinte dans le second, elle demeure absolument dénuée d'effet. Ce système, du reste, est aujourd'hui adopté par la majorité des auteurs et par un grand nombre de tribunaux et de cours impériales.

Après avoir démontré que les libéralités faites par un époux à l'autre sous le déguisement d'un contrat à titre onéreux ou par personnes interposées sont complétement nulles sans qu'il y ait lieu de distinguer entre le cas où elles dépassent et celui où elles ne dépassent pas la quotité disponible, et non pas simplement réductibles, nous allons, maintenant, voir à qui appartient le droit de demander la nullité de ces libéralités.

Pour ceux qui ne voient dans cette nullité qu'une aggravation pénale de l'action en retranchement, qu'une sanction plus énergique ou plus complète de la réserve, le droit de s'en prévaloir ne saurait appartenir qu'à ceux-là mêmes qui pourraient invoquer ce retranchement. Pour ceux, au contraire, qui n'aperçoivent dans la nullité du § 2 de l'article 1099 qu'une pénalité infligée à la fraude, qu'un moyen énergique de la prévenir, la disposition est d'ordre public et peut être invoquée par tous ceux qui peuvent y avoir intérêt, non-seulement par les héritiers réservataires, mais encore par le donateur lui-même ou par ses créanciers , soit antérieurs, soit postérieurs à l'acte de donation, en vertu de l'article 1166.

M. Boutry (n° 508) nous dit que la nullité n'existe pas de plein droit et qu'elle doit être prononcée en justice. Nous sommes parfaitement de son avis ; seulement, nous ne pensons pas, comme ce savant jurisconsulte, que l'action en nullité doive être intentée dans les dix ans à partir de la dissolution du mariage. En effet, les époux ne sont pas incapables de se donner, soit par contrat de mariage, soit pendant leur union ; au contraire, la loi leur facilite plus qu'à tous les autres les moyens de se faire des libéralités ; l'article 1099 est une règle de disponibilité, c'est dans la partie du Code qui renferme les dispositions de cette nature qu'elle a été placée. Quand les héritiers demandent une réduction, c'est-à-dire l'annulation partielle d'un avantage indirect , le titre et la durée de leur action ne sont pas renfermés dans les limites de la prescription de dix ans ; pourquoi en serait-il autrement quand il s'agit de l'annulation totale des donations frauduleuses beaucoup plus défavorables que les simples avantages indirects ?

C'est à ceux qui attaquent la donation dissimulée à prouver le déguisement qu'ils allèguent ; la loi n'a pas établi des présomptions de déguisement.

Ceux qui attaquent les libéralités comme faites à personnes interposées doivent aussi prouver l'interposition si l'on ne se trouve pas dans l'un des cas prévus par l'article 1100. D'après cet article, deux classes de personnes sont légalement présumées interposées, à savoir : 1° les enfants ou l'un des enfants de l'autre époux issus d'un autre mariage ; 2° les parents dont l'autre époux était héritier présomptif au jour de la donation. Ces présomptions légales rappellent celles de l'article 911, sans être les mêmes, et, comme nous sommes ici en matière tout à fait rigoureuse et d'exception, il ne faudrait pas les étendre par analogie. Mais ce n'est pas les étendre que de comprendre dans ces mots : « enfants issus d'un autre mariage », tous les descendants de ce mariage, à quelque degré qu'ils soient, ou même les enfants naturels ou adoptifs. La loi n'a entendu exclure de la présomption que les enfants communs, pour lesquels la libéralité s'explique assez par le lien d'attachement qui unit l'enfant à ses père et mère.

La seconde classe de personnes auxquelles la présomption légale d'interposition s'applique, comprend, comme nous l'avons déjà dit, les parents dont l'autre époux était héritier présomptif au jour de la donation. Cette présomption est fondée, non pas, comme le disent quelques auteurs, sur l'idée qu'un jour l'époux, devenu héritier, pourrait recueillir la libéralité dans la succession du donateur, puisque la présomption ne cesserait pas quand l'époux aurait perdu tout droit à la succession, par suite de son prédécès, de son refus, de son indignité, ou même par la survenance d'un plus proche héritier ; elle est donc fondée sur le lien d'amitié étroite qui doit unir des personnes dont l'une est appelée à succéder à l'autre : la loi prévoit entre elles et le donateur l'exécution plus ou moins immédiate d'un fidéicommis exprès ou tacite.

Toutes ces présomptions n'admettent, d'après l'article 1352, aucune preuve contraire, sauf l'aveu et le serment. L'action des héritiers doit être repoussée s'ils avouent que la libéralité n'était véritablement pas destinée au conjoint, ou s'ils refusent de jurer qu'ils croient la présomption légale parfaitement fondée et applicable dans l'espèce. Cette interprétation des derniers mots de l'article 1352 est très-équitable : la loi abandonne la présomption qu'elle n'avait établie que dans l'intérêt privé de la partie, quand celle-ci elle-même en reconnaît la fausseté.

# POSITIONS.

## DROIT ROMAIN.

**I.** La prohibition des donations *inter virum et uxorem* se place à une époque postérieure à la loi Cincia.

**II.** Le mariage à Rome était parfait *solo consensu*, sans tradition.

**III.** La donation *mortis causa*, faite par un époux à son conjoint, avait un effet rétroactif.

**IV.** L'usucapion ne pouvait pas s'accomplir quand les deux époux venaient à être informés du droit de propriété de l'un d'eux sur la chose possédée par l'autre. — Il en était de même quand l'époux propriétaire découvrait seul son droit et n'en avertissait pas son conjoint.

**V.** La donation des fruits était nulle entre époux comme celle du fonds lui-même.

**VI.** Il n'y eut qu'un seul sénatus-consulte sur les donations entre époux : il fut rendu sous Septime-Sévère et Antonin Caracalla.

**VII.** Le sénatus-consulte s'appliquait à toutes les espèces de donations entre époux, aux simples promesses comme aux donations accompagnées de tradition.

## ANCIEN DROIT FRANÇAIS.

**I.** Sous l'empire de l'édit des secondes noces, pour

exercer l'action en réduction, il était nécessaire d'être héritier.

II. Le douaire, reçu par une femme de son premier époux, ne pouvait être considéré comme une véritable libéralité ; cependant, lorsque le douaire conventionnel excédait la valeur du douaire coutumier, il était, jusqu'à concurrence de cet excédant, réputé un avantage fait par le mari à sa femme et, par conséquent, sujet à la réduction de l'édit des secondes noces.

## CODE NAPOLÉON.

I. Le disponible entre époux, en présence d'ascendants, comprend le disponible ordinaire plus l'usufruit de la part des ascendants réservataires, et, pour que l'époux donataire puisse réclamer cet usufruit, il n'est pas nécessaire que le donateur s'en soit formellement expliqué ; un large pouvoir d'appréciation est à cet égard laissé aux tribunaux.

II. L'époux donateur ne peut pas dispenser son conjoint donataire de l'usufruit de la réserve des ascendants, de l'obligation de fournir caution.

III. L'époux qui n'a qu'un enfant de son mariage ne peut pas donner à son conjoint la moitié en pleine propriété de ses biens, c'est-à-dire tout ce qu'il pourrait donner à un étranger ; il ne peut pas choisir entre le disponible fixé par l'art. 1094 et celui qui est déterminé par l'art. 913.

IV. Les enfants du second lit peuvent demander eux-mêmes la réduction quand ceux du premier négligent ou refusent de le faire.

V. Le disponible spécial de l'art. 1094 ne peut être cumulé avec le disponible ordinaire.

VI. La libéralité faite par l'un des époux à l'autre, soit sous le déguisement d'un contrat à titre onéreux, soit par une personne interposée, est nulle pour le tout, sans qu'il y ait lieu de distinguer si elle excède ou non la quotité disponible.

## CODE DE PROCÉDURE.

Le préliminaire de conciliation est une institution d'ordre public, et, par conséquent, le tribunal doit, soit d'office, soit sur les réquisitions du ministère public, rejeter la demande et, par suite, s'abstenir de juger lorsque le défendeur a été directement appelé devant lui, sans avoir été, au préalable, cité en conciliation.

## DROIT COMMERCIAL.

I. La dot constituée par un failli après la cessation de ses payements ou dans les dix jours qui la précèdent reste valable lorsque les futurs époux étaient de bonne foi.

II. Le propriétaire d'un billet de banque qui l'a perdu peut réclamer valablement de la banque le remboursement de ce billet, en prouvant qu'il a été détruit par cas fortuit et en offrant en garantie une somme représentative de la valeur du billet perdu.

## DROIT ADMINISTRATIF.

I. Lorsque l'acte reproché à un ministre du culte constitue à la fois un abus et une infraction à la loi pénale, il n'est pas permis de poursuivre l'ecclésiastique devant les tribunaux, sans l'avoir déféré préalablement au conseil d'État.

## DROIT CRIMINEL.

I. La poursuite dirigée par le ministère public contre une femme coupable d'adultère, et sur la dénonciation de son mari, est éteinte par la mort de ce dernier arrivée pendant l'instance.

II. Sur l'appel du ministère public a *minima*, comme *ad mitiorem*, le juge supérieur peut diminuer la peine ou même acquitter le prévenu, bien que celui-ci n'ait pas, de son côté, interjeté appel.

*Vu par le Président de l'Acte,*

ABEL PERVINQUIÈRE ✳.

*Vu par le Doyen de la Faculté,*

O. BOURBEAU ✳.

*Vu par le Recteur de l'Académie,*

Permis d'imprimer :

A. MAGIN (O. ✳).

« Les visa exigés par les règlements sont une garantie des principes et des « opinions relatives à la religion, à l'ordre public et aux bonnes mœurs « (Statut du 9 avril 1825, art. 41), mais non des opinions purement juridi- « ques, dont la responsabilité est laissée aux candidats. »

« Le candidat répondra en outre aux questions qui lui seront faites sur les « autres matières de l'enseignement. »

# TABLE DES MATIÈRES.

11

## CODE NAPOLÉON.

POITIERS. — TYPOGRAPHIE DE HENRI OUDIN.

POITIERS
TYPOGRAPHIE OUDIN.